倚门回首嗅青梅

——李清照词传

知秋书系

李清照——北宋风流的最后回响

郑洛依◎著

中国出版集团

现代出版社

图书在版编目（ＣＩＰ）数据

倚门回首嗅青梅：李清照词传 / 郑洛依著. -- 北
京：现代出版社，2017.4 （2023.7重印）
ISBN 978-7-5143-5947-3

Ⅰ. ①倚… Ⅱ. ①郑… Ⅲ. ①李清照（1084-约1151）
—传记②李清照（1084～约1151）-宋词-诗歌欣赏
Ⅳ. ①K825.6②I207.23

中国版本图书馆CIP数据核字（2017）第057114号

倚门回首嗅青梅：李清照词传

著　　者　郑洛依
责任编辑　杨学庆
出版发行　现代出版社
通讯地址　北京市安定门外安华里504号
邮政编码　100011
电　　话　010-64267325 64245264（传真）
网　　址　www.1980xd.com
电子邮箱　xiandai@cnpitc.com.cn
印　　刷　三河市南阳印刷有限公司
开　　本　880mm×1230mm　1/32
印　　张　8
版　　次　2017年5月第1版　2023年7月第3次印刷
书　　号　ISBN 978-7-5143-5947-3
定　　价　38.00元

目录
CONTENTS

李 清 照 词 传

目录
CONTENTS

李　清　照　词　传

目录
CONTENTS

李　清　照　词　传

目录
CONTENTS

李　清　照　词　传

前言
愿时光清浅，许你安然

有人说李易安一生只写了两本书，一本叫作《漱玉词》，一本叫作爱情。

初次读到这句话，竟有几分怦然心动。这个评价浓情满满，又很浪漫，赞了她的绝代才华，又说了她的人生侧重。惊艳之后再一咂摸，却又觉得浅薄了。

《漱玉词》在词史上的成就，已被后世学者拆开揉碎，无须赘言，便说后者。

爱情于她委实重要，一卷《漱玉词》，十之七八都有情的影子。从情窦初开的懵懂怀春，到与子偕老的新婚祈愿，再到深闺梦里的刻骨相思，岁月一寸一缕地爬上她的眼角眉梢，至深至重的爱情与时光一同成长。

花朵萎于风雨比萎于时光更让人唏嘘，这是悲剧的美，遗憾的美。美好的东西，易遭天妒，她的爱情也遭遇了类似的诅咒。丈夫暴卒之后，她所有关于爱情和幸福的设想，顷刻化为齑粉。后来易安再嫁张汝舟，与其说是对旧时光的背叛，不如说是希望落空后的茫然挣扎，因为期待太浅，就连赌注也下得轻率，结果只能潦草收尾，再添伤心。

这个女人，确实曾把爱情从传统的婚姻观念中剥离出来，追求爱的纯粹与独立、平等和自由。她一生最快乐和最痛苦的极端体验，或许都与爱情有关。然而，如果才情与爱情是人生的两个标签，李清照便也只是个才华横溢、风华绝代的佳人，但只凭这些恐怕难以俘获后世那么多人的追慕与敬意。自古以来，临水照花、卓尔不群的才女很多，情路坎坷爱得炫目的女子也不少，然而，留名青史的众多脂粉红颜，却无一人能与易安比肩。

欣赏她的才华，由此记住了她；沉醉于她的爱情，所以靠近了她；倾慕于她的人格，才最终爱上了她——这样的心路历程，不知是否有人唱和。以上种种相加，已经足够动人，再有乱世作为幕景，她的一生更显跌宕，世事大起大落，命运大悲大喜。

历史的车轮行进到李清照生活的时代，富丽堂皇的车舆华盖早已破破烂烂，表面风光已然遮不住内里的千疮百孔，每行一步都哐当作响。

崛起于白山黑水间的金人，挥戈南下，如疾风席卷，摧枯拉朽般冲垮了外强中干的大国防线，乡野间处处告急，庙堂上偏偏还有人做着《清明上河图》式的盛世美梦，梦里都是《东京梦华录》里的繁荣鼎盛，醒来后只剩一枕涎水、双目空洞。

靖康二年（1127），金人掳走徽、钦二帝，倒被康王赵构捡了个便宜，他手忙脚乱地在赵家百年基业上划了一刀，建立南宋，这就算和北宋兄弟分家单过了。独立门户的新朝廷极是大方，不仅没有替父兄报仇雪耻的打算，还数次屈膝乞降以求宅院平安。自此，南宋偏安一隅，直至气数耗尽。

这一年，李清照四十四岁，人至中年，生活陡然生变。

近人王国维说："北宋风流，渡江遂绝。"北宋文人的风雅气韵，是从骨子里散发出来的，十足的豁达清雅。与之相比，南宋词人失了从容，因为他们有绵密的不忿与伤心，化到纸上容易走极端，或喷薄出汹涌澎湃的豪情壮志，或陷入归隐书斋的绵密工丽。不做词学上的高低比较，只说文学与家国，从来都是同命运、共悲欢。

当个人渺小的命运与庞大的时代联系在一起后，最平淡的愿望，终归也是奢望。清照有幸，见证了盛世北宋的最后狂欢，曾沉溺于得到的快乐，即便偶有相思苦，底色依然温暖明媚，一卷《漱玉词》颇有北宋风流的最后回响；清照不幸，一生唯做了个"易安"的美梦，终不能成真，她像多数南渡文人一样，尝尽颠沛之苦、黍离之悲，再多诗情画意也添了凄怆而悲壮的伤心。

　　在那个遥远的年代，一个透明的青色世界，桂花落尽青梅未黄。有个素衣女子，满目期待，望着北方。她这一生，便如当年低头轻嗅的青梅，刚结果时浓香馥郁，惹人爱慕、惹人驻足、惹人回望；但最终经风沐雨未熟先落，惹人慨叹、惹人怜惜、惹人心疼。

　　这副女儿情态，也不是全部的她，"易安倜傥，有丈夫气"，有人爱慕她的柔情，就有人敬慕她的侠骨。在那个男子主导文坛的时代，她把酒言欢，满腹心志诉诸文字；在那个偏安朝廷畏缩不前的年代，她凛然执笔讽喻今古。

　　她柔情与侠骨并存，怅绪与凛然兼具，不温不火，只是刚刚好，既有巾帼之淑贤，更兼须眉之刚毅；既有妇人哀怨之感慨，又有英雄救世之忧思。

　　有人说易安的词是心性的自然流露，纯净清澈不含杂质，从不显摆幸福，也不想博人眼泪。她想做的事、想说的话，虽付诸笔端任后人品玩，但实际上却无意与人共享。所谓情绪，其实是非常私人的"物件"，即使门户大开，旁人再三窥探还是难以见其全貌。所以，我们终归还是不懂她。

她有太多的好，说不完道不尽，却越说越让人遗憾。用一句俗滥的话说，就是"国家不幸诗家幸，赋到沧桑句便工"。我们爱煞她的才华，爱她做人的高格、做诗的情趣、做事的原则，或许唯有在乱世里，她才能绽放出这样璀璨的光芒。她生活的那个时代，是最好的，也是最糟的；她被那个时代成全，又被那个时代毁灭。

若有来生，只盼她平淡安然、一生静好，不再被乱世烽烟湮没。

第一章

少年花事心头绕

她们的爱情，纵使来了也多半藏着，藏得久
了就会酿成带着诗意的美酒。这一坛女儿红，
只有等到凤冠霞帔上了身，才能开封。

1. 最是难忘少年事

如梦令（常记溪亭日暮）

常记溪亭日暮，沉醉不知归路。兴尽晚回舟，

误入藕花深处。争渡，争渡，惊起一滩鸥鹭。

多数人与李清照的初次照面，都是从这首《如梦令》开始。

彼时，清朗的阳光穿透疏密间杂的枝丫，斑驳的投影滚动在教室的窗台。正是晨读时间，"争渡，争渡，惊起一滩鸥鹭"，刻意的抑扬顿挫，夹杂着顽皮孩子的嬉笑。下课铃声骤然响起，松柏间栖息的鸦鹊拍着翅膀，扑棱棱地从窗前掠过。

忆及这一幕，嘴角会不禁上扬。这便是在小学课堂，

邂逅了这首小令。少年事最是难忘，纵使跨越千年，心情依旧相通——两三好友，荡舟、饮酒、赏莲，往昔游玩时的快乐绽放在眉目间，李清照定然忍不住笑了，以至于那肆意而明媚的欢喜，似乎马上就要从笔端流淌出来。

那个清新妍丽、秀中有骨的女子，置身溪亭，轻歌高吟、展眉浅笑，这画面是浅的、静的；待这群游兴稍减的少女荡舟荷塘深处，摇橹声与嬉闹声响成一片，早已是落日渐斜，余晖掩映，这色调又是浓的、闹的。

静谧与喧笑共成，清雅与浓丽相间，宛如水墨风景的妙处。泛舟流连忘返、酒醉以致迷路的李清照，也成了这幅用笔寥寥的日暮晚归画中令人难忘的定格。

"常记"一出，便知这是一首忆昔词。这次出游实是旧事，时间是已逝的某个夏季，地点是溪亭。

这"溪亭"不是泛指某个溪边凉亭，它或为济南城西某地的地名，或为济南名泉之一的溪亭泉，学者们向来对此莫衷一是。关于前者，有苏辙的诗《题徐正权秀才城西溪亭》为佐，这首诗作于苏辙在济南任职期间，溪亭是名医徐正权的私人园林。至于后者，李清照的父亲李格非因党争之祸被罢官之后，曾居住在济南，而溪亭泉是济南七十二名泉之一，李清照很有可能曾在此期间泛舟游湖。

泛舟游玩，需要酒来助兴。在南宋人黄昇的《花庵词选》中，这首词题为"酒兴"。三杯两盏，喝酒行令，以至于不知不觉间竟已沉醉，美景加美酒，又有几人能不沉醉其中？酒酣心醉导致的后果便是"不知归路"——此时天色已晚，借着这蔼蔼暮色，晚归的游人荡起船桨，正难辨方向，突然发现早已置身于曲港横塘深处，红莲翠荷之中。

进也不是，退也不是，怎生是好？

若是已至花甲的老人，大概会慢悠悠地划着这弯扁舟，眯着带笑的眼睛、不急不躁地一边赏景，一边寻路；若是已过而立之年，应会停下手里的动作，锁着严肃的眉头，谨慎地判断前行的方向。

瞧这群争强好胜的少女！急于从迷途中寻找出路的她们，不管不顾地奋力摇动船桨，一连两个"争渡"道出了她们焦急的心情。与此相映成趣的是，原本停栖在洲渚上的水鸟，尽数被这"争渡"惊飞，扑腾着打破了原本逐渐沉寂下来的暮色。

全词从"常记"二字开始，仿佛一个人在安静的午后缓缓打开一本泛黄的相册，悠然闲适，却在满滩水鸟惊飞啼鸣、冲向夜空的喧闹中戛然而止，语言到此打住，意境却无尽延伸。

李清照在追述这次游玩经历时，仅仅做了客观陈述，未涂抹任何主观色彩，娇揉造作的雕饰也未做分毫，但发自内心的快乐和自由，却已经在宣纸上浸染开来，直氤氲到每个品词人的心田。自然乃是最美，她的所思所想所感，化到笔下成了一首好词，化到琴弦就是一首妙曲，更何谈在这首词里，还有一股令人不能忽略又不敢逼视的蓬勃生命力：健康，开朗，欢乐，充满对自然的沉醉，对生活的热爱，对自由的向往。

这个女子是自由的。

在那个"女子无才便是德"的时代，同龄的女子囿于思想被禁锢的牢笼里，学着女红厨艺，念着三从四德，想着相夫教子，李清照却把"大门不出二门不迈"的古训抛到脑后，划着船、荡着桨，三两同行，游湖泛舟去了！不仅去游玩，她还饮酒，不但饮了，竟还醉了！对于世俗礼教的眼光，她大概是不在乎的，否则也不会对这次游玩念念不忘，以至"常记"。

这首词流传甚广，可以认为是少女时代的李清照最鲜明、最真切的呈现。那时候她的自由与快乐、俏丽与娇嗔，像沙滩上纷飞的鸥鹭一般充满活力，带着湖水的清冽，菡萏的沁香，她用自己的心，发现美，扑捉美，印刻美。即使在多年之后国破家亡，颠沛流徙的苦难里，生命依然被她经营得那般自如。

"争渡，争渡，惊起一滩鸥鹭"，是李清照作品中流传最广的佳句之一，明媚如斯，幸福如斯，以至于当她的另一名句——"寻寻觅觅，冷冷清清，凄凄惨惨戚戚"跃入眼帘时，会让人隐隐地心生不忍。这两句词印染出易安词前后期的特色，也勾勒着这位才女传奇一生的大致轮廓：从简单的极幸福，到曲折的大不幸。

　　但所谓"传奇"，也正是出自这幸与不幸之间。

2. 花事绕心头，知否知否

如梦令（昨夜雨疏风骤）

昨夜雨疏风骤，浓睡不消残酒。试问卷帘人，
却道海棠依旧。知否？知否？应是绿肥红瘦。

李易安是个出色的电影编导，视觉大师。她仅用
三十三个汉字就写了一个故事，甚至赋予这个故事强烈的
镜头感，若我们声情并茂地将这首词读完，整个场景就会
立体地呈现在眼前。

疾风骤雨肆虐了一夜，醉酒后睡得酣甜的闺中小姐，
迷迷糊糊地听到风雨声，心中记挂着园里开得正旺的海棠
花，却因酒醉乏力又陷入沉睡。天明后还未睁眼，昨晚忐
忑的心情便涌了上来，惺忪着唤了一声外间的侍女，小丫

头轻手轻脚地过来卷帘。

小姐犹豫了一下，问："园子里景况可还安好？"

侍女随口应答："园里的海棠经了这风吹雨打，却也还和平常一样。"

小姐轻哼一声，微愠："你可知道，那海棠定然已是绿叶繁茂，红花凋零了！"

李清照精造句、善遣词、巧用字，但才情却不刻意外露，只说这首小令，三十余字无一难字，如此平白浅近，却能让人回味无穷。

后人对这首词评价极高，称它有人物，有情节，有对白，有情绪，若非有生花妙笔，恐难驾驭。其最经典之句在于"绿肥红瘦"，清人王士祯在《花草蒙拾》里评此句为"人工天巧，可谓绝唱"。一般来说，"肥""瘦"二字，很难让人联想到诗情画意，但易安却在这四字上套用了多种辞格：通感、借代、对比、拟人、摹色、衬托，将园中海棠被骤雨摧残之后叶多花少、绿浓红浅的情状，描摹得如此通透，直将腐朽化了神奇。

除这惊世绝句之外，这首词中还有一字格外动人——"试"，若说"绿肥红瘦"给人的冲击是视觉上的，那这一个小心翼翼、惴惴不安的"试"便直截了当地戳到心窝了，但此间的妙处并非人人都能体会。

人们大抵都有过这样的经历：越是在意，便越是忐忑。词人心知经了这一夜风雨，海棠定是不堪蹂损而残红狼藉，她不忍心亲眼见此景象，又怀着侥幸的期待，于是忐忑着"试问"正在卷帘的丫鬟。一个"试"字，把词人害怕听到海棠凋零的消息，却又关心花事的曲折心理，再现出来，神情口吻，仿佛就在眼前，这般惜花爱花的心事，可有人知否？

　　林黛玉最有可能懂她。

　　黛玉葬花是《红楼梦》里的经典一幕，书中第二十三回写道：

　　　　宝玉一回头，却是林黛玉来了，肩上担着花锄，锄上挂着花囊，手内拿着花帚。宝玉笑道："好，好，来把这个花扫起来，撂在那水里。我才撂了好些在那里呢。"林黛玉道："撂在水里不好。你看这里的水干净，只一流出去，有人家的地方脏的臭的混倒，仍旧把花遭塌了。那畸角上我有一个花冢，如今把它扫了，装在这绢袋里，拿土埋上，日久不过随土化了，岂不干净。"

　　宝玉爱花，欲使落花逐流水，但黛玉却道这个方法不妙，宁可多费些心力将之埋入花冢，也不肯让这清洁的花被别处的污垢糟蹋了。黛玉爱美怜花的细密心思，源自她本人的高洁，而非一时心血来潮。

黛玉不但是红楼惜花人，还有人说她是大观园里的李清照。这两个女子确有几分相似，命运待她们不薄，天生的才华，敏感的情思，完美主义的理想；但生活只给了她们一半幸福，没辜负锦衣华盖、轻狂风流的年少，也没能逃脱坎坷多舛、锥心刻骨的命运。

但两人又不同，同是性情中人，黛玉的通透来自她的率真，易安的豁达则来自她骨子里的豪气，黛玉心里多是女儿家的小情怀，易安却是自然而然地把自己放置在了大的时空里。

且说这一场花事，想到随流水而去的花朵可能会误入泥塘，林黛玉一定想到了自己的身世，只觉自己就是那待人处理的落红，其后所作的一首《葬花吟》，更是字字句句皆藏心事；想到满地狼藉的落花，李清照当然也会惋惜，也会遗憾，但这时的她或许还未体会到与春逝花陨相伴的韶华渐老，诚然是因怜花而伤花，因喜春而惜春。

还有一个惜花人也写了一首咏海棠的诗，那便是苏轼：

东风袅袅泛崇光，香雾空蒙月转廊。

只恐夜深花睡去，故烧高烛照红妆。

　　说来有趣，苏轼与李清照，一个开豪放先河，一个为婉约之宗，却不约而同地借诗词表达对海棠的相惜之意。易安表达得急切，东坡祖露得直白，"只恐夜深花睡去"一句极是痴绝：当月光转过回廊，再照不到海棠花上，诗人竟不忍将花独留在暗处，干脆点起蜡烛以烛光为海棠花驱散黑暗，大有与花相伴、通宵达旦之意，真不知这是诗人之幸，还是海棠之幸！

　　爱花的人大抵如此，因花开而露笑，因花香而沉醉，因花谢而伤感，因花落而落泪，到了极致便是一个"痴"字，表面看来，苏东坡似乎比李易安还要痴迷几分，但倘若李清照没有因酒醉而酣睡，她大概会披衣起身，寻个法子帮海棠遮风避雨也未可知。

　　惜花之语向来繁多，李商隐的"高阁客竟去，小园花乱飞"让人感慨，晏殊的"无可奈何花落去"平添惆怅，林黛玉的《葬花吟》除有几分傲气，就只能让人伤心了。但细细咀嚼苏轼的《海棠》和李清照的《如梦令》，没嗅到海棠花的芳香，倒读出一股厚道来。

　　无论唐宋，花开花谢固然是同样的风景，春归春至照样难留，但不同人写出不同的味道，或许是因为他们早已把各自的品性，乃至全部生命都"种植"在作品里了吧，只待与知音共赏。

3. 这个秋日比别处温柔

双调忆王孙（湖上风来波浩渺）

湖上风来波浩渺，秋已暮、红稀香少。水光山色与人亲，说不尽、无穷好。

莲子已成荷叶老，清露洗、蘋花汀草。眠沙鸥鹭不回头，似也恨、人归早。

随手翻看案头的宋词，来不及设防，就跌入了秋思、秋愁、秋怨的圈套。

数百年前宋人的伤流逝、叹别离，被初秋的寒露、暮秋的凝霜裹挟着，不期而至，化作恼人的秋风秋雨、萧索的衰草枯藤、瑟瑟的倦柳枯荷、冷冷的寒江暮湖、长鸣的残虫孤雁，化作文人墨客点染在砚边纸上的一声叹息。

明快的夏季一消，秋意就浓了起来。唐宋文人的才思在这个季节总是格外敏感，一叶知秋，落叶见愁，以至于唐宋诗词里的秋境，也笼着浅浅的一层愁色。

想到千年前对着秋风秋月吟诵唱和的宋人，总觉得他们的眉头该是皱着的，嘴角当是垂着的，就连润笔的墨可能也是和着烦恼调出来的，也难怪，连他们吟出的词都带着清冷的凉意：

无言独上西楼，月如钩。寂寞梧桐深院锁清秋。

——李煜《相见欢》

多情自古伤离别。更那堪、冷落清秋节。今宵酒醒何处，杨柳岸、晓风残月。

——柳永《雨霖铃》

塞下秋来风景异，衡阳雁去无留意，四面边声连角起。

——范仲淹《渔家傲》

红叶黄花秋意晚，千里念行客。飞云过尽，归鸿无信，何处寄书得。

——晏几道《思远人》

读罢这些诗词，当真容易让人心生喟叹：秋风秋雨愁煞人！但是，年轻的李清照自是有些不同。

那时候她还没品尝过"才下眉头，却上心头"的刻骨相思，也未萌生"春归秣陵树，人老建康城"的忧国之殇。她拥有的是与生命共鸣，与天地齐舞的朝气，所以旁人眼中萧瑟的暮秋湖色，于她看来也多了几分蓬勃与可爱。

这幅晚秋湖景由一个远镜头开始：高远的天空下，一片辽阔而旷远的湖水泛起微澜，秋色已深，远远地望过去，塘里的红莲衰萎，昔日空气中浓郁的荷香也淡了些。这些意象似乎也有点泛着冷秋的韵致，但在李清照眼里，这委实是一派令人怦然心动、忍不住想去亲近的山光水色——这风景之妙、之好，"说不尽"，道不穷。

镜头被推近：荷叶虽然早已凋残，但放眼看去尽是饱满的莲子，成熟的季节总能给人些许惊喜不是？两岸的水草、沙渚上的蘋花受清露洗涤、滋润，与摇曳的莲蓬一起，给人丰盈充实的质感，又让人感受到含翠凝碧的生命力。景色如此令人流连，但游人却不得不离去，百般不舍的词人，婉转地表达了内心的不舍：那眠沙鸥鹭一定舍不得让我走，你看它都别扭地不肯理睬归去的人！

这一页秋日格外温柔，似乎它的下一页不是寒风飒飒的严冬，莺歌燕舞、沁人花香仿佛马上要穿透纸张浸过来了。这首词尽在写景，但字字含情，词人把自己的感情浇灌在客观景物之上，是为"移情"，所以山水主动与人相亲，花草水鸟都在留客，万千心事都在一"亲"一"恨"之中。

古人说"以我观物，则物皆着我之色彩"。"移情"之法在古诗词中极为常见，将情寄托于景，即以景移情，正如《双调忆王孙》上下两阕中的末句；将情托拟到物，便为以物移情，原来没有生命和情趣的外物就因此获得了灵魂，如"感时花溅泪，恨别鸟惊心""蜡烛有心还惜别，替人垂泪到天明"，花鸟、烛泪都因"移情"完成了与文人喜怒哀乐的相通。

这是厚厚的宋词里一页特别的秋色，少了伤感，淡了凄楚，添了一些意气，多了一股盎然，倒显得旁的秋都是凉的、薄的、苦的、硬的，她李易安的却又暖又浓，又甜又柔，脆生生的让个万物凋零的季节多了几分生气、几分温柔。

中国的古典诗文里，喜秋的作品倒也有一些，如刘禹锡的《秋词》、王维的《山居秋暝》、杜牧的《山行》，但只几篇，很容易就被"悲秋"的主流淹没了，外国文学中，又何尝不是如此。

郁达夫先生在《故都的秋》提到过这种现象：

我虽则外国诗文念的不多，也不想开出账来，做一篇秋的诗歌散文钞，但你若去一翻英德法意等诗人的集子，或各国的诗文的Anthology（文选）来，总能够看到许多关于秋的歌颂与悲啼。各著名的大诗人的长篇田园诗或四季诗里，也总以关于秋的部分，写得最出色而最有味。

　　不分国别，秋天的枯败和萧索，似乎很容易引发人的共鸣，以至于文人都一个个"眼望苍穹，右手按胸"地抒发着和秋天同一频率的悲伤。但是，在秋天向自然的神奇寄语，向生命的美感致敬的李清照并不孤独，在她去世数百年之后，英国诗人济慈以一首《秋颂》成为她的同行者。

　　"春歌在哪里？哎，春歌在哪方？别想念春歌——你有自己的音乐"，春歌固然嘹亮，秋曲也有其美妙：蚊蚋的合唱、蟋蟀的长鸣……谁敢说这个"果实圆熟"的时令不是美丽的呢？

　　济慈一生历尽坎坷，写这首诗时，贫困、疾病不止不休地折磨着他，但他却保持着一贯的乐观，如他在《忧郁颂》中表达的一样：忧郁和美"共居一处"，且与"欢乐"比邻，不管生活是多么让人忧愁，仍然可以从中寻找到美，因此也有喜悦！所以，即便是与垂暮老翁一样苍白的秋天，也有它特有的韵味，那些时光的褶皱里，总有一种令人眼眶湿润的风景。

当李清照写下这首《双调忆王孙》时，她一定像济慈一样捕捉到了那个画面。虽然此时的喜悦与她日后所要承受的痛苦相比只是一瞬，即使生命的寒冬还是会一寸一寸地挤走她明媚的快乐，这一个温柔的秋日，仍然值得埋藏到回忆深处，好生珍惜。

4. 女儿情怀总是诗

浣溪沙（髻子伤春慵更梳）

髻子伤春慵更梳，晚风庭院落梅初。淡云来往月疏疏。

玉鸭熏炉闲瑞脑，朱樱斗帐掩流苏。遗犀还解辟寒无。

卢梭说："人生而自由，但却无不在枷锁之中。"从青涩走向成熟，最难逃开的就是爱情的羁绊。虽然爱情给自由套上了枷锁，但是如果没有爱情，自由也将无家可归。

很多人懂得寂寞是何物，多是从沾染了爱情开始。

少女易安就像清影照水的红莲，清高之外又有灼灼的烂漫与多情。她一登场，就不是一个行不露足、笑不露齿的贵族闺秀，也不是矜持高傲、不食人间烟火的冷傲佳人，她就和邻家调皮的女孩一样，娇羞可人又活泼率真。她的早期少女词抒发了这一时期的生活和感受，对生活的热爱、对生命的珍惜、对自然的向往，语调清新，不加雕饰。

她应该特别想做一个行云流水般，遵从己心的人。出生于文化氛围浓郁，且相对宽松开明的士大夫家庭，这让她避免了世俗的过多束缚，像夏天的风一样，奔放而自由。

历史上有很多著名才女，少女时期都不及李清照幸福。远些的如唐朝的上官婉儿，尚在襁褓之中就被政治牵累随母亲配没掖庭，自懂事起每走一步都如履薄冰；近些的如明末的秦淮八艳，自幼沦落烟花历尽风尘；再近一些如民国的萧红，过早承担起沉重的责任，为反抗家庭的专制离家出走，痛苦地陷在世俗和反抗的夹缝里。

然而，就是这个有简单且纯粹幸福的李清照，也生出了莫名的怅惘。她的愁绪很轻，像春天的柳絮，不会让人感觉到丝毫压抑，但又不能忽视，因为那些毛茸茸软绵绵的小东西，总能寻到机会落在耳边、落入脖颈，骚动心头，一如少女那青涩的懵懂。

"髻子伤春慵更梳"，少女十五岁之后要行及笄之礼，梳髻发。明明是因为心有牵挂才懒得梳洗打扮，却要把这慵懒的源头怪到"伤春"之上，这是少女耍赖式的狡黠，灵动可爱，让人想要无奈地叹息，又忍不住上扬了嘴角。

院子里，晚风吹得落梅簌簌，夜空中云来月住，室内瑞脑生香，缭绕着流苏掩映的红樱斗帐。夜凉如水，心如夜凉。景是落寞的，情是疏淡的，首句中的"懒"字是行动之慵懒，更是心境之寂寥。由近及远、由人及物、情景相应，这是她作为词人细细打磨出的技巧；如泣如诉、如怨如慕，这是她作为女子对自己敏感丰富的内心的描摹。

这首《浣溪沙》里并没有太多的伤感，却也难以掩饰词人的孤单和寂寞。没有像故事里一样的包袱可抖，只有淡淡的情绪弥散其间，让人看得到却猜不透。

这种微妙的情怀，让人想起了梁羽生在《冰河洗剑录》里的一句话：中年心事浓如酒，少年情怀总是诗。少男少女那如诗一样热烈又羞涩的情怀，难道不是因为他们在这个春天，无意中窥见了爱情的一角？

或许，只是感受到了心灵的悸动，却不知道这种烦恼和躁动是从何而来，又要如何消解。这时的李清照，不懂爱情，却遇到了爱情。她虽然比别家的小姐自由，能游湖、能饮酒、能写诗，但在感情上，她的自由是有限的。

少女易安到了人生中的花季，大概已有媒人络绎登门。到了谈婚论嫁的年龄，再爽利的女子也会掩口轻笑，眼角含羞；羞涩的笑容下，大抵还有一颗好奇且不安的心。没准儿易安曾藏在帘后，惴惴地偷听媒人与父母的谈话；又或许曾有丫鬟摒着笑意，半邀功半戏谑地与她耳语过谁家公子的风采。

> 莫许杯深琥珀浓，未成沉醉意先融。疏钟已
> 应晚来风。
> 瑞脑香消魂梦断，辟寒金小髻鬟松。醒时空
> 对烛花红。

这是易安写于同时期的作品，用的还是《浣溪沙》的词牌，词旨与前一首也大致相同。词人独自困在深闺里，想饮酒却无人和她对饮，想沉醉解忧未料愁绪已浓。不知何处的钟被晚风冲撞，浑厚的声音透过夜色，杳杳传来。这样的夜晚，自是难以成眠。

深闺寂寞，梦也不成，醉也不成。似乎有满腹心事但又不知症结所在，瑞脑香即将燃尽，词人钗小鬟松、辗转反侧还是没能睡着，只能空对烛火，看着灯花哔哔剥剥地跳动，来度过这个漫漫长夜。

未动情，先动心。心无处安放，就生成了寂寞。

　　这时的易安其实还不懂爱情，尝过爱情滋味的人才会有天堂地狱般的悲喜。她的愁是淡淡的，却不肤浅，就像美酒不一定浓烈，好茶不一定味苦，越是来自肺腑的感情，表达出来可能就越是平淡。

　　有一句话这样说："有没有爱情，站在我面前你就知道了。"这句话多半出自男人之口，我们不难想象他温柔诱哄的语气里那势在必得的自信；倘若是女子说的，定然是个现代的女子，古代深闺里未嫁的女儿，谁有这么大的勇气向爱情招手？

　　她们的爱情，纵使来了也多半藏着，藏得久了就会酿成带着诗意的美酒。这一坛女儿红，只有等到凤冠霞帔上了身，才能开封。

第二章

心悦君兮添相思

每每想到他，内心便有云絮般的温柔，还有
如水般长流的思念，纵使天涯海角，也盼相
离莫相忘。

1. 秋千架下的情窦初开

点绛唇（蹴罢秋千）

　　蹴罢秋千，起来慵整纤纤手。露浓花瘦，薄汗轻衣透。

　　见客入来，袜刬金钗溜。和羞走，倚门回首，却把青梅嗅。

　　"古典的男人有了马之后，把秋千交给了女人。于是女人就让秋千成了自己的坐骑。男人骑在马上喝酒消愁，酒能让他们灵魂起舞。女人站在秋千上忘忧，所以女人天生比男人浪漫。"在《女人的秋千》这篇散文里，作家素素给古典语境中的秋千指明了归属。

　　秋千本身固然是美的，但那秋千索上若再系上一绳情怀，或挂着一串相思，肯定会更好看。

最有名的秋千词大概是苏轼的《蝶恋花》："墙里秋千墙外道。墙外行人，墙里佳人笑。笑渐不闻声渐悄，多情总被无情恼。"一堵围墙，遮住了行人的视线，却挡不住墙内女子的笑声。佳人的容貌身影俱在高墙之内，笑声悦耳动听，一隐一显之间，直叫人和墙外的行人一起生了烦恼，还有无数想象。

穿过这堵墙，会不会邂逅一段风花雪月的故事？

假如没有李清照，我们可能就要与墙内的风景擦肩而过了。

料想墙内的女子也怀着和墙外行人同样的期待，对风景、对人的期待。不信你瞧那蹴罢秋千，匆忙躲避来客的女子，连鞋子都来不及穿就含羞疾走。走便走了，却按捺不住心头的好奇，回首偷窥又不巧撞上来客的视线，只好以嗅青梅的动作来掩饰自己的脸红心跳。

好一个娇俏含羞，又天真大胆的女子！这当是个待字闺中少女，若是足够乖巧，就该赶紧进屋掩门，一个"回首"把她对来客的好奇暴露无遗。欲留不能留，想见又怕见，何其微妙的心理！

后人大多认为这词中少女就是词人本身，观其性格，倒是与少女时期的李清照十分吻合，活泼俏丽，又开朗机敏，且不为世俗礼教所拘。其后一点着实不易，要知道，宋朝的战场是男人的，朝堂是男人的，文坛还是男人的，女儿家只要懂礼数、善女红、精厨艺，幸运些的再生副姣好面容，安静地等待父母之命、媒妁之言催来的一顶花轿，这就是身为女子的本分了。

李清照出自文学世家，她的父亲李格非在朝中担着官职，精通儒家经典，勤于著述且颇有才名，因文章而受到苏轼赏识，名列"苏门后四学士"，他与苏门的众多名士皆有往来。书香门第的笔墨熏陶，给了李清照良好的文学修养，更重要的是她的父母并未用"女子无才便是德"的观念教育她，束缚她，而是给了她足够的自由。所以她能够博览群书，泛舟游湖，赏花饮酒。与在官衙住了三年，却连自家的后花园都没去过的杜丽娘相比，李清照多么幸运。

歌德曾说："哪个男子不钟情，哪个少女不怀春。"

闺阁庭院，秋千架旁，迎着春末夏初的旖旎光景，露正浓，花正瘦，恰是时候，情窦初开。

美好的青春，委实不该全部消磨在孤独的闺房里。那些思慕之心刚刚萌芽的豆蔻少女，常常是过了一日又过一朝，爱情依然缺席。长居深门大院之中，越是敏感细腻、才情并茂的女子，对爱情的憧憬就会越强烈。一旦有人送来一捧红豆，那么整个春天都会绽放在她们眼前。

这便难怪古典文学里会有那么多一见钟情的故事了。情窦初开的年纪，遇到了生命里的那个人，自是不愿就此错过，也不甘把这心事悄悄掩埋，于是就要打破礼教的阻隔。当生命的激情全部爆发于这一刻，势必要和站在道德制高点的老夫子们针锋相对，自此惊天动地，生生死死也要求一"情"字。

纵使传统礼教辖制着社会的每粒细胞、每个毛孔，却有爱情的花朵永不枯萎，甚至越是压制，就越是开得璀璨。

城郊，有等人的女子，安静伫立，一根彤管，一株荑草，就能定终身。（《诗经·静女》）

抑或花市中，灯光明亮如昼，有佳人相约在月上柳梢，黄昏之后。（欧阳修《生查子》）

再或者墙头上，"鸟啼花影里，人立粉墙头。春意两丝牵，秋水双波溜"。（关汉卿《白鹤子》）

怕是风流负佳期，那些动了情的男男女女，莫不怀着最美的期待，燃烧着年轻的生命。庙会里的一个转身，石桥上的一个回眸，女墙外的一次偶遇，甚至寺庙里的一次相逢，这种种不期而遇，都能让那些刚刚懂得情为何物的女子刻骨铭心。《霍小玉传》《李娃传》《西厢记》《牡丹亭》，其中的女子概莫能外。

情窦初开又深陷其中的女子，往往是最温柔的，也是最锋利的，是最痴傻的，也是最勇敢的。她们用柔和甜美的微笑面对爱人，把果断凛冽的决绝朝向一切试图扼杀这场恋爱的人。

和这些女子相比，李清照又是幸运的。她的恋爱谈得很顺利，几乎没有经历多少坎坷。她与赵明诚情投意合，门当户对，成婚前没有遭遇家庭的反对、世俗的阻挠，婚后夫妻二人时常诗词唱和，共同研究金石，琴瑟和鸣，再幸福不过。

初恋并非都有美好的结局，更多时候是甜蜜和悲伤的杂糅。这让人想起了席慕蓉的《彩虹的情诗》：

我的爱人　是那刚消逝的夏季

是暴雨滂沱

是刚哭过的记忆

他来寻我时　寻我不到

因而汹涌着哀伤

他走了以后　我才醒来

把含着泪的三百篇诗　写在

那逐渐云淡风轻的天上

难得在李清照初动情的那段时光里，喜悦多过了不安。情窦初开的心事虽未言明，却也不怕被路人看破，于是，她把那微妙的悸动写进她的词里。

　　秋千架旁，美人如画，定是因为将至的爱情。

2. 心悦君兮愿君知

减字木兰花（卖花担上）

卖花担上，买得一枝春欲放。泪染轻匀，犹带形霞晓露痕。

怕郎猜道，奴面不如花面好。云鬓斜簪，徒要教郎比并看。

李家有女初长成，正是人生中的花季。不知多少少年为她倾心，历史选来选去，最后把绣球抛给了一个叫赵明诚的男人。两人的婚姻像多数夫妻那样有喜有忧，虽然后来聚少离多，但这段时间却是李清照一生最美好的年华。

爱情来了，莫问是劫是缘。

把两人牵到一起的红线，正是清照的词。

每个人年轻的时候，都很相信自己的才华。年轻的李清照博览群书，很有几分初露头角的锐气，又得名士晁补之的赏识，每有机会晁补之定要跟人宣扬：李格非家的女儿，可是个才女！如此一来，李清照十几岁时就已才名远播，一句"绿肥红瘦"惊艳京城，"当时文士莫不击节"。

被惊艳的人中便有赵明诚，其父赵挺之与李清照的父亲同朝为官，赵挺之是礼部侍郎，李格非是礼部员外郎，可谓门当户对。赵明诚又在太学念书，太学又称"国子监"，专为朝廷培养官员，算是宋朝的最高学府，赵明诚能入太学，才华也定是不错的。

关于赵李两家的结亲，元代的伊世珍在《琅嬛记》里讲过一件趣事，流传甚广。

赵明诚幼时，其父将为择妇。明诚昼寝，梦诵一书，觉来惟忆三句云："言与司合，安上已脱，芝芙草拔"，以告其父。其父为解曰："汝待得能文词妇也。'言与司合'是'词'字，'安上已脱'是'女'字，'芝芙草拔'是'之夫'二字，非谓汝为'词女之夫'乎？"后李翁以女女之，即易安也，果有文章。

梦兆姻缘，谜底揭开恰是"词女之夫"！对这桩逸闻，有人惊叹这真是天作之合，清醒点儿的说这是赵明诚为表倾慕故意设的文字游戏，再理智些的直接说这明显是后人添油加醋的杜撰。其实，爱情若总被剖析得通明透彻，就会像没有疑案的历史那样失去神秘的诱惑和慑人的宿命感。不妨偶尔糊涂，反而更能领会其中滋味。

　　男人若想向倾慕的女人表达爱意，最盛大庄重的方式莫过于给她一场婚礼。

　　宋徽宗建中靖国元年（1101），礼部侍郎赵挺之家鼓乐齐鸣、宾朋满座，龙凤喜烛描金彩绘，大红宫灯漾着流苏，赵家三少爷和李家小姐的婚礼正在进行。二十一岁的新郎胸配红花，风华正茂；十八岁的新娘凤冠霞帔，红盖头下笑靥如花。拜了天地定了终身，此后便是二十八年的相守。

　　佳偶天成，又有共同的兴趣爱好。成婚后，李清照和赵明诚一起吟诗赋词，研究文物金石，十分幸福。这首《减字木兰花》就是写于婚后不久。

　　宋时，每到花季常有卖花郎肩挑花担走街串巷。这日，李清照和赵明诚一起出门，在街头恰好遇到卖花人。只见担上的花朵娇美鲜艳，还带着早晨的清露，晶莹剔透的露珠滚动闪烁，仿佛给鲜花添了几分朝霞微绽的娇羞。李清照看得心中欢喜，挑了一枝拿在手中。抬头看见在旁边微笑的丈夫，心中忽生不安：自己的容貌会不会被这花朵比下去？

赵明诚哪里猜得到妻子心中这番计较，看她喜欢便连连称赞花美。李清照略一思量，干脆把花斜簪在发鬓中，含笑问道："你瞧，是这花美，还是我美？"

赵明诚是怎么回答的，我们不得而知。但凡脑筋不笨的男人，总要说几句甜言蜜语哄妻子开心，留下足够的空间让人想象，话到这里便好，词到这里便好。

赵明诚说了什么，怎么说的，这都不重要，李清照的反应才是全词的亮点。

"女为悦己者容"，与其说爱美是女人的天性，不如说她们是为了喜欢的人而美丽。这种心情古来相通，唐五代有首无名氏的《菩萨蛮》亦有相似的桥段。

牡丹含露真珠颗，美人折向庭前过。含笑问檀郎，花强妾貌强？

檀郎故相恼，须道花枝好。一向发娇嗔，碎挼花打人。

檀郎"故相恼"，美人"发娇嗔"，郎情妾意皆在真真假假的调笑里，真是风情无边，有趣，还有情。美人笑问，"花强妾貌强"，对方的回答与她的意料和期盼不符，难怪她要"花打人"。

女人忌妒、纠缠多是因为在乎，越是爽利的女人，表达心意的方式就越是别扭，越是可爱。《菩萨蛮》里有情侣双方的互动，读来多有妙趣，李清照的词多是自己的想法，越显真情。词人对花生妒，与花比美，既有年少的好胜意气，也是婉转的表白：心悦君兮愿君知晓，还盼着对方看在眼里的，恰是最好的自己。

不只女人，男人也有这样的情怀，甚至更为浓烈。学者王小波早年曾给妻子李银河写过很多书信，其中一封有这样几句：

> 你想知道我对你的爱情是什么吗？就是从心
> 底里喜欢你，觉得你的一举一动都很亲切，不高
> 兴你比喜欢我更喜欢别人。

不高兴你比喜欢我更喜欢别人，甚至别的风景，这霸道但不蛮横的爱情暖而不硬，甚至让人内心涌起被充实的圆满快乐。爱情让人勇敢也让人不安，"你高兴我也高

兴，你难过时我来安慰你，还有别爱别人"，这是王小波的爱情，睿智如他也曾不禁惴惴："你肯用这样的爱情回报我吗？"

王小波把男人的爱意表露得直白，李清照的情话却只能说到"徒要教郎比并看"的程度，即便如此也引来了无数争议。后人辑录她的作品时，尝以"词意浅显，疑非易安作"的理由，把这首词屏蔽于《漱玉词》之外。好在时光自会淘洗，道学面孔兀自摆得正正端端，也不及一腔真情来得绵长。

当一颗天生怀着诗意般浪漫的心与爱情碰撞，就连没有实体的幸福感都可以变得活泼生动。世间一切相遇都是偶然，所以爱情也是偶然得之。珍惜这偶然得来的爱，并让对方感知，这是一件美好的事情。

纵使他人皆道"浅俗"，我们仍然心怀感激：世间原有这么多美好的爱。

3. 怕相思，又相思

一剪梅（红藕香残玉簟秋）

红藕香残玉簟秋，轻解罗裳，独上兰舟。云中谁寄锦书来？雁字回时，月满西楼。

花自飘零水自流，一种相思，两处闲愁。此情无计可消除，才下眉头，却上心头。

赵明诚负笈远游已有段时日，李清照一人独居家中。一别之后，红藕香残秋色渐浓，良人却迟迟未归。桌上杯盏成双、床前红烛作对，书房内满架的书画、堂外长鸣的归雁，无不提醒词人：那人不在身边。

明知是苦却让人甘心受之，除了救命的良药，便是这爱情里的相思吧。苦亦不弃，看上去颇有几分呆气。这样的痴人很多，有文字为传的大概可追溯到《诗经》起篇中的那位。

> 关关雎鸠，在河之洲。窈窕淑女，君子好逑。
>
> 参差荇菜，左右流之。窈窕淑女，寤寐求之。
>
> 求之不得，寤寐思服。悠哉悠哉，辗转反侧。

诗中的男子爱上了一位姑娘，夜不成寐辗转反侧，相思之苦刻画得极为传神。严肃的道学家，觉得小情小爱是对正统的亵渎，岂能作为诗之首篇？于是他们直呼《关雎》赞的乃是"后妃之德"，如今看来这帽子过大反而有些滑稽。男女之爱、互相思慕本就正常，发乎情止乎礼，哪容他人指手画脚？

虽然有人说"万里何愁南共北，两心那论生和死"，但只要有一点可能，相爱的恋人还是会努力靠近。如果爱过，就一定有那么一个人，距离再近也会觉得不够，唯恐"爱的脚力不健，怕远"；一旦分离，每每想到他，内心便有云絮般的温柔，还有如水般长流的思念，纵使天涯海角，也盼相离莫相忘。

李清照心里的这个人，是她的丈夫赵明诚。

元代伊世珍的《琅嬛记》引《外传》云："易安结缡

未久，明诚即负笈远游。易安殊不忍别，觅锦帕书《一剪梅》词以送之。"以锦帕书情词为爱人送行，人未走远便开始想念，这般情意绵绵又不输风流的才情，倒是与贴在她身上的"才女"标签颇为吻合，但是，"轻解罗裳，独上兰舟"一句，很难放进依依惜别的画面。词中情景显然不是离别进行时，以其相思之绵长刻骨来考量，更像作于久别之后。李清照曾在《金石录后序》中写道："后二年，（明诚）出仕宦，便有饭蔬衣练，穷遐方绝域，尽天下古文奇字之志。"以此推测，这首词可能写于两人婚后不久，赵明诚外出做官之际。

双十年华，又成婚不久，李清照一心盼着能与爱人朝朝暮暮长相厮守，却又不得不面对分别。日夜思君望穿秋水，这一等便等到了菡萏香销、碧荷凋残。

全词开始交代了时节，萧索秋意引发的离情别绪也随之倾泻而出。红藕谢了，竹席凉了，秋意浓了，他却不在身边，闺愁无从消解，秋凉无人温暖。索性出外聊以解闷，词人连侍女也没带，独自一人去了湖边，她怕沾湿衣裙，就轻轻解去绫罗外裳，任这艘木兰舟载着自己在湖面漂荡。

等到天黑月满，李清照独上西楼，回雁穿云破月，几声长鸣，不知传的是谁家书信，寄的是何人相思？月圆人不圆，离情更厚。

"花自飘零水自流"，既承上阕又启下文，既是即景又兼比兴。美好的年华如落花流水消逝，却不能与丈夫共度，真让人伤怀。"一种相思，两处闲愁"一句，构思独特，她由自己推及对方，便知相思是双方面的，赵明诚也同样受着相思之苦，两人情爱之笃顿现，那份默契坦然的心心相印，羡煞旁人。感伤无处排遣，紧蹙的眉头刚刚舒展，思绪就涌上心头，实是"黯然销魂者，唯别而已"。

自《诗经》之始，倾诉相思之苦的诗词车载斗量，以思妇为主人公的作品非常多，佳作名篇不少，却多把思女等同了怨妇，如唐代王昌龄的《闺怨》：

闺中少妇不知愁，春日凝妆上翠楼。
忽见陌头杨柳色，悔教夫婿觅封侯。

诗中女子的懊悔也真挚深切，反复读之却总带着几分难言的怨念，总不如先秦时"君子于役，苟无饥渴"的碎碎念更能感人。就像哀而不伤的境界极为难求，思而不怨的程度也不易企及。做个怨妇容易，做个优雅的思妇很难。李清照却做到了，她没有刻意压制自己的情绪，感情流肆，意露却并不显黏腻。清梁绍壬说上阕开篇七字"便有吞梅嚼雪，不食人间烟火气象"，并非过誉。《一剪梅》有想念有愁思，却无纠缠无抱怨，纵使相思彻骨却不失清爽，恰如易安本人。

爱过的人大抵都尝过相思的味道，甜蜜与苦涩杂糅，不过对不同的人来说深浅比例各异罢了。爱情里若少了两两相思，就像温馨的甜文，甜蜜的桥段、浪漫的结局固然皆大欢喜，但总缺些起承转合，少了跌宕起伏，也容易被遗忘。若无这些相思句，易安居士在词史上的地位大概也会黯淡些许。

人人都知相思苦，又不肯绕行，皆因贪恋爱情的温度。把这种心情表述得最为直白的，要算诗人胡适。胡适先生曾在一位同事的扇子上写下这样一句话，"爱情的代价是痛苦，爱情的方法是要忍得住痛苦"，后来他又以此意入诗，便有了这首《生查子》：

也想不相思，可免相思苦。

几次细思量，情愿相思苦。

遇到爱情，我们常常做不了自己的主，谋爱之人多少都有些飞蛾扑火般的痴傻，受尽离别怨、相思苦，却又心甘情愿。正是怕相思，又相思，日日相思，就这样一天天熬过，直把红豆编织成诗。

4. 凝眸深处，幸得有君在

醉花阴（薄雾浓云愁永昼）

薄雾浓云愁永昼，瑞脑销金兽。佳节又重阳，玉枕纱厨，半夜凉初透。

东篱把酒黄昏后，有暗香盈袖。莫道不消魂，帘卷西风，人比黄花瘦。

才女的极大不幸，常常是一颗真心无所寄托。远的如蔡文姬、谢道韫、朱淑真，近的如张爱玲、萧红，或所嫁非偶，或遇人不淑，抑或一份痴情徒被命运玩弄于股掌。重情的天性使然，那些生活重负都压不垮的女子，面对爱情却易被折断。

与她们相比，李清照幸运得多，她得到并享受过爱情，投入且彻底，自由而坚定。

在盛世末的肆意欢歌里，她遇到赵明诚，邂逅爱情；在乱世之初的风声鹤唳中，丈夫暴卒，她也失去了曾经拥有过的一切美好：赌书泼茶把酒言欢的幸福、典衣当物购置古玩的乐趣，那锦衣玉食的安乐生活、阳光温淡的青州十年，都随着金兵的到来戛然而止。此后她流离失所，不仅再嫁无果，反而一尝孽缘的鸩毒。今昔对比更显凄凉，有人说这是易安的不幸，但细究起来，真正伤害到她的多是命运时局，而非爱情本身。

李清照对赵明诚的感情有多深？相思词中可见端倪：她的思念未作遮掩，她的情意执着坚定，即使偶有伤感也掩不住一袭风流，努力地爱，不卑不亢。

这是一个人未团圆的重阳节，赵明诚远游在外，李清照无心过节，心事重重。天气似也感知到她的百无聊赖，薄雾浓云，一派慵懒。倘若此时赵明诚突然还家，会不会像一束阳光将云雾劈开呢？

看着香料一星一点地在金兽香炉里燃烧殆尽，时间也一分一秒地撵着前面光阴的脚步，白昼之悠长对孤独的人来说实在是种折磨，但对将至的夜晚也有莫名的抵触——看到玉白瓷枕轻纱罗帐，就想到往日团聚时的温馨，现在却只恐夜半的凉意透进心里。相聚时的一切美好，到离别时就会成为甜蜜的负累。

遣怀需借美景，也少不了美酒。易安善饮，在她留下的词作中，提到酒的几乎占了一半。古代文人对酒情有独钟，更有甚者无酒不成诗，或浅尝或酣醉，或借酒浇愁或乘兴痛饮，酒酣之际便是灵感来时，洋洋洒洒间成就了多少千古名篇。

易安在东篱之下对菊孤饮，这一饮就到了黄昏，暮霭渐渐地压下来，天地仿佛要缝合在一起，花香愈加浓郁，愁思也更上心头。黯然销魂的模样，莫过于西风卷帘人比花瘦。

花瘦成于天然，人瘦却因相恋，人解花语花通人性，一时之间人与黄花影相叠加，竟生出了同样的黯然。

相传李清照曾把这首《醉花阴》寄给远在外地的丈夫，赵明诚读罢，比试之心大起，"忘食废寝者三日夜"，作词五十首，然后把易安的这首词夹杂其中，拿给朋友陆德夫品评。陆德夫把玩再三，说："只三句绝佳。"赵明诚便问是哪三句，陆德夫回答："莫道不消魂，帘卷西风，人比黄花瘦。"经此一番，赵明诚对妻子的才华心服口服。

把这个故事奉为事实的人，或许是想以此佐证"莫道"三句的绝妙，但读来读去总觉得这则"趣闻"不仅无趣，还冲淡了原词的美好。在理想化的情境中，赵明诚读完书信心里该是被温暖的满足感，还有想见不能的感伤。在这个故事里显出的却是他不甘落后的孩子气，欲与妻子比才情的冲动涌上来，成熟稳重失了七分，还显得略略辜负了易安的多情。

然则这个故事未必可靠，多少能纾解心中微妙的不悦。王仲闻先生在《李清照集校注》中有按："赵明诚喜金石刻，平生专力于此，不以词章名。"倘若赵明诚三天之内可作词五十阕，也算得上词中达人了，泱泱宋词中却未见他的作品存世。

故事真真假假，倒也让人恍然明白，才华这个东西实乃天赋异禀，勉强为之便常常不及。清代谭莹有诗云："绿肥红瘦语嫣然，人比黄花更可怜。若并诗中论位置，易安居士李青莲。"李青莲"绣口一吐，吐出半个盛唐"，易安对花自照，也堪堪照亮了两宋之交的半壁天空。

只两句便能与李白并峙争衡，足见其光彩夺目。但是更加动人心魄的，当是词中的情意——不造作不虚荣，不张扬也不遮掩，想便是想了，不为恩爱作秀，也不怕被人知道。这便是李易安，多情而略有自负，婉约却不失豪爽，爱得自然、愁得真挚，一腔柔情极尽缠绵却能艳而不妖，婉丽清新的语言一经她的拨弄，就成了浓得化不开的感情。

一切繁华凋零都是布景，她投入于自己的人生，直把分分秒秒都活得酣畅淋漓。距离把孤独拉长，相思把离人惹瘦，你不在身边的时候，一切是你。

月有圆缺天有阴晴，离合带来的悲欢大概都躲不开一个"情"字。于是便有人"天不老，情难绝。心似双丝网，中有千千结"，还有人"春如旧，人空瘦，泪痕红浥鲛绡透"。时空场景都在变换，主角也日日不同，但相同的故事、相似的感情却一遍一遍重复上演。正所谓玲珑骰子安红豆，入骨相思知不知?

《古今女史》有言:"自古夫妇擅朋友之胜，从来未有如李易安与赵德甫者，才子佳人，千古绝唱。"赵李两人之所以伉俪情深，相貌才华的互相吸引只是一面，两人既是文学知己又俱是金石痴人，却看多少流年乱了浮生，志趣相投的爱情才能历久弥坚。人们常用"志同道合"来形容事业，殊不知用作爱情指标似乎更妙:若灵魂相契，便不怕人老珠黄的那天。

那些在历史上占得一席的女子，几人能有易安的运气?

"神情散朗，故有林下风气"，这是《世说新语》对谢道韫的评价，即使大气清朗的她也左右不了自己婚姻。出嫁后回家省亲，叔叔谢安问起她的丈夫，她把自家叔伯兄弟赞赏了一遍，谢家子弟个个玉树芝兰，说到自己的丈夫，却只是长叹一声"不意天壤之间，乃有王郎"！她的丈夫王凝之是王羲之的次子，看史书记载似也不像她说得那么差劲，但情感根基本就欠缺，又没有意愿培养相近志趣，谢道韫对这桩婚事的不满显而易见。

　　朱淑真生活在南宋初年，比李清照晚了大概半个世纪。相似的成长背景给了她们同样的才情，但两人年轻时的作品却风格迥异：易安虽写相思闲愁，但婚姻的底色却是妥妥当当的顺遂，即便望穿秋水但目光仍有着落；与易安相比，朱淑真的运气差了太多，"嫁为市井民妻"，丈夫不通文墨，两人少有沟通，她一只脚刚迈进婚姻的门槛，就懂得了何为"绝望"，最终"不得志殁"。关于这段感情，朱淑真写过一首诗："鸥鹭鸳鸯作一池，须知羽翼不相宜。东君不与花为主，何似休生连理枝。"说得坦率，却也绝望。

　　努力去爱的女子是美丽的，但若无人可爱或所爱非人，越努力就越悲情。所幸，命运把李易安放在了不可逃、无处逃的乱世里，也给了她一时安稳的爱情，让她在陷入国破家亡的永恒悲伤前，就把"人比黄花瘦三分"的剪影镌刻在了凝眸望穿的万千离人中。

这是易安之幸，亦是诗词之幸。

第三章

别情愁浓负佳期

情意经不起蹉跎，年少经不住虚耗，爱情如
是，美景如是，青春亦如是。咏牡丹也好，
颂芍药也罢，莫负佳期才是正理。

1. 莫让风流负佳期

庆清朝慢（禁幄低张）

禁幄低张，彤阑巧护，就中独占残春。容华
淡伫，绰约俱见天真。待得群花过后，一番风露
晓妆新。妖娆艳态，妒风笑月，长殢东君。

东城边，南陌上，正日烘池馆，竞走香轮。
绮筵散日，谁人可继芳尘。更好明光宫殿，几枝
先近日边匀。金尊倒，拼了尽烛，不管黄昏。

不知易安当年能否想到，多年之后她这首词会变成一
个诱人的圈套——咏花而不见花名，以致让那么多严谨的
学者陷入其中，为求个真相争论不休：她写的究竟是牡
丹，还是芍药？

易安出了题目没给答案，一切引经据典、言之凿凿的论断，都成了可以推翻的臆测。

当时易安还在汴京，大概仍待字闺中，或已初为人妇，算来不过二十岁的年龄，"争渡争渡"的少年意气还未散尽，故意设下这个迷局也未可知。她在泥土初融的时候下一粒花种，然后欢呼雀跃地拉住每个经过的路人，手指那抔黄土，告诉他们底下埋着一个绚烂的花季，路人好奇心起，竞相追问："你种了什么花？"她像恶作剧终于得逞的顽劣幼童，嘴角翘起得意的笑容："你猜！"

泥土下是什么种子，到了花季自见分晓；易安这首词写了什么，终是难有定论。

它长在幽深宫禁之中、朱红雕栏之内，甫一出场就带着万千宠爱与庇护。残春时节，旁的花草萎了谢了，只有它翘立枝头，占尽春光仍不知自持。淡美而不失高贵的华丽妆容、天然里流动妩媚的绰约风姿，莫说已是群花过后，便是春色正盛，它也定能出尽风头。那副妖娆艳态直叫春风生了妒忌，明月为它展颜，就连春天都长留不去。

上阕尾句的"殢"字，既有滞留之意，又喻纠缠、勾引之实，用在此处甚妙。想那东君作为司春之神，竟也为了这株花草长久停留，其花之美、之艳可想而知，世间尤物莫过于此。

炙热的阳光炙烤着亭阁楼馆，却没能吓退寻花的脚步。东城南陌凡有此花处，游人纷至沓来，熙熙攘攘。他们嗅花香，猜花语，热热闹闹就像过节一样。其间，词人偶尔也会心生怅惘：就像天下无不散之筵席，美味享尽食客各自散去天涯海角；世上没有常开不败的花朵，此花败落可还有什么再继芬芳？

正惆怅着，已到了皇室内苑。原来此花不仅受游人追慕，连帝王也对其宠爱有加。明光殿是汉代宫殿名，《三秦记》有云："未央宫渐台西有桂宫，中有明光殿，皆金玉珠玑为帘箔，处处明月珠。金陛玉阶，尽夜光明。"此处借指北宋之宫殿华堂。在这繁华辉煌的宫殿里，此花也能拥有一席之地。词人有幸进到宫闱之内一赏娇花，几枝占了先机、离帝王近些的，开得正旺。

有人说，这国色天香的尤物当是牡丹，除它之外，还有什么花能集君王恩宠和游人追捧于一身？它独占残春，显极一时，散逸出来的高贵雍容自有花魁风范。

言罢，立刻就有人站了出来，直呼"非也非也"，若论时节，在残春最末还能吐艳留春的该是芍药，因芍药又名"婪尾春"，即贪恋春之末尾的意思。何况花虽无意，人却有情，词人所选的吟咏对象，多少会和她本人的审美情趣、品性爱好有些关联。易安吟花咏物的词作虽多，对象却不外乎梅菊桂荷等恬淡之物，"好比是人中的雅士"，而牡丹自闻名之始就带着浓郁的贵胄之气，想来讨不到清照的欢心。

话音未落，又有人说了，易安居士本就与众不同，倘若她把自己年轻时的人生体验融入词里，自然能写出格调别致的牡丹：典丽之外又有雅致，极尽自信轻狂却又不像前人笔下那样富丽堂皇到令人却步，一如端庄秀丽的贵族女子，雍容却无虚荣，极妩媚且不掩风流，虽争芳吐艳却又有"天真绰约"。

……

便是这样，比起玩味词情，多数人更热衷于推敲"到底是芍药还是牡丹"，寒来暑往千年过去，词中原有的美丽风华竟渐渐被时光的尘埃遮盖了起来。

几乎所有"尚无定论"的现象和"未解之谜"都会遭遇类似的待遇，人们循着蛛丝马迹摆出若干假设，并自圆其说。每一种可能都有拥趸，他们废寝忘食地取证研究，描描画画，以让干枯的骨架变得丰满，或成美女或成丑妪。

严谨的治学态度自然无可厚非，但对感性重于理性的文学而言，有时候点到为止就好。李清照所写的花究竟是哪种，闲情偶寄拿来玩味是种风雅，当成学问追根究底就未免刻板了。若有一天，后人阅读的好奇心都停留在对吟咏对象的揣摩上，不知是否还会有人替多情的词人感到尴尬。

既为咏物便是有情，或物我合一，或物我两立，一粒尘埃、一枚嫩芽都能催生出盎然诗意。这种文思不分国界，英国诗人华兹华斯说过："一朵微小的花，对于我可以唤起不能用泪表现出来的那么深的思想。"易安写了大量的咏花词，词中或多或少地隐匿着她的情思，或把情感寄托在物之本身，或在窥象访物之际偶然觅得自己的内心世界，这首词当属后者。

残春之际，词人赏花斗酒，叹花美，"容华淡伫，绰约俱见天真"；忧花落，"谁人可继芳尘"。忽而因花而喜，复又为花作愁，情绪颠簸间忽然就明白过来："金尊倒，拼了尽烛，不管黄昏。"这一句未必是易安嘱意的词眼，其情却因豁达而隽永：与其对花感伤，弗如趁着花美人美的年华，举觞痛饮，直到灯烛燃尽，休管它暮色卷来，金乌西坠！唯有如此，才不负这良辰美景。

年轻词人的这一番思量，并非罗隐式的"率真的颓丧"。唐人罗隐有个绰号，人称"十上不第"，足见其仕途之坎坷。罗隐颇有些才华，现有诸多名句存世，其中流传最广的是《自遣》中的一联："今朝有酒今朝醉，明日愁来明日愁。"乍一读来只觉豪爽豁达，可一旦联想到他十举进士而不第的经历，颓唐无奈之感便如汹涌的海潮瞬间漫到心里。

李清照愤极怒极之时，或许也有过类似的想法，但当是南渡后，而非写作这首词的阶段。

汴京赏花时，她风华正茂，几乎没有经历过什么挫折，心思仍单纯明朗，这一通不负良时的呐喊要比罗隐简单得多，与前人那首《金缕衣》中的情思更为接近：

> 劝君莫惜金缕衣，劝君惜取少年时。
> 花开堪折直须折，莫待无花空折枝。

青春不堪辜负，这诗不是叫人及时行乐，而是劝人及时努力。劝世味道一浓，易安居士的清雅似乎被打了折扣，索性便换个风流些的例子：崔莺莺待月西厢，痴张生跳墙赴约的戏文，直让年轻男女春心萌动，老夫子们大皱眉头。元末明初有诗人张著自号"永嘉子"，在他的《永嘉集》里有一首《待月诗》：

> 立尽黄昏瘦莫支，西厢朱户半开时。
> 风生花树寒微动，露滴瑶钗湿不知。

清思著人凝望久，柔情抱影欲眠迟。

可怜最好今宵月，正恐风流负宿期。

  让崔莺莺感到焦虑的是爱情，等待的每一分一秒都有小鹿轻撞心门。情意经不起蹉跎，年少经不住虚耗，爱情如是，美景如是，青春亦如是。咏牡丹也好，颂芍药也罢，莫负佳期才是正理。

2. 暖风熏春草，却是近黄昏

浣溪沙（淡荡春光寒食天）

淡荡春光寒食天，玉炉沉水袅残烟。梦回山枕隐花钿。

海燕未来人斗草，江梅已过柳生绵。黄昏疏雨湿秋千。

寒食节是个充满矛盾的节日，本为格调清冷的祭日，偏偏被拘缚在一个熏风春草、正宜游玩的时节；又是春季时间轴上的一个折点，明媚的春意到此就攀上了这一季的梢头，正所谓"春到寒食一半休"，此后夏天轻拽春之衣袂，只消几天工夫，蝉鸣蛙噪就开始肆意热闹，阳光空气也随着浓烈暴躁起来。

寒食节别称"冷节",据传是为了纪念春秋时晋国的文人介子推。

相传,晋文公重耳流亡期间处境十分凄惨,除了要躲避父亲、兄弟的追杀,忍饥受冻也是常事,曾有忠仆介子推自割股肉以供其充饥。重耳复国后,封赏功臣时却忘了这位忠心的臣子。介子推没去邀功,而是悄悄隐居绵山。后来晋文公想起这事非常内疚,遣人寻访才知他已归隐。为表诚意,晋文公亲入绵山,但是山林茂密,众人呼喊许久也不见他出林相见。有人献计:放火焚山则介子推必出。文公从之。结果却出人意料,介子推"忠而立枯兮",抱木而被焚。为表哀思,晋文公下令此后每年这天,全国上下禁起烟火,只吃冷食。

唐朝诗人卢象有诗《寒食》曰:"子推言避世,山火遂焚身。四海同寒食,千秋为一人。"寒食之说源自于此。故而它本为祭日,后人每逢这天要缅怀凭吊。冷食、祭扫、怀思,从名字到风俗都透着些许凉意。

这个节日又被称为"百五节",因为它在夏历冬至后的一百零五日,便是四月伊始,春之末梢。最美不过人间四月,春的清新与妩媚悉数盛开,借古人的墨香,要赞其"蜂蕊分香,燕泥破润""闺中风暖、陌上草薰";拾今人的牙慧,该有雪化后的"鹅黄""黄昏吹着风的软"。在这被和风煦日哺育出的时节，正好踩着融融的暖意踏青赏红。若置身幽境，恐怕连草木抽枝拔节的脆响，都能分辨一二。如此一来，寒食节似乎又带着几分洋洋暖意。

一冷一暖尚且纠缠不清，又想到此后便是酷夏驱逐了暖春，骤风吹走了润雨，蝉鸣盖过了莺语，就更让人惆怅了。

千余年来，寒食节祭扫之外还多了踏青郊游、斗草牵钩、蹴鞠秋千的民俗，倘若纵情戏耍倒也能获得一番如春光般烂漫的心情。可是纯粹的明媚向来是孩童的专利，心无挂碍才得天真无邪。但凡长大，多少都会添些愁思，更何况触景伤情本是人之常性，文人尤甚。

万人心中万种心情，千双眼中千般春色。舞文弄墨的人，心思更细腻些，自然本无悲欢，在他们眼里却有着生动的表情，就连天气的变化都可能影响他们内心的晴雨。季节轮替、景物兴发，无不让人胸怀激荡，成了催生华丽词章的温床。于是有人恼那春意好，"可怜春再我老"，也有人怨那春逝早，"别来春半，触目柔肠断。砌下落梅如雪乱，拂了一身还满"。

四季之中春秋诗词最多，人说"女子怀春，男子悲秋"，大抵如此。李清照也未脱窠臼，《漱玉词》中屡见这类感伤情愫。

这一次，她把幽远的春情寄予玉炉沉香，嘱给海燕江梅，拴在黄昏疏雨中的秋千上。

"秋千"这个意象，第二次出现在《漱玉词》里，已经和词人一样褪去了倚门弄青梅时的青涩，多了些雨季特有的湿答答的味道。"黄昏疏雨湿秋千"一句，常常被人提及，多数人把"湿"字看作动词，黄蓼园在《蓼园词选》中说："此字之妙可与'细雨湿流光''波底夕阳红湿''湿'字争胜"，视觉与心理的双重通感熨帖人心。

另有一种观点倾向于把这个"湿"字理解为形容词，词人用"黄昏、疏雨、湿秋千"构成了"一个隐喻语言结构"，三个并列意象营造出了安静寂寥的氛围。虽是静景，却很容易让人联想：若在晴朗的白天，秋千架旁定有玩闹的少女，或扶着绳索浅笑沉思，或荡起秋千声如银铃，这场景并未写进词里，却已然暗成对比——黄昏疏雨下，湿漉漉的秋千就挂在那儿，无人驻足，无人光顾。或许绳索上还别着昨日摘来的花枝，花瓣无精打采地耷拉着，就像渐渐萎去的春光。

大概是这春光难留的无奈，让李清照的愁闷达到了极点，她才提笔记下了这一日的惆怅。

上阕的时间显然是寒食节的白天，地点是室内，春光正好，词人不去游玩却懒懒地卧在床上，可能刚刚梦回，惺忪间微微挪动身体，发髻上的花钿在凹枕上轻轻摇晃，装满沉香的玉炉，有缭绕的残烟乍隐乍现，室内景致不乏温馨，却也有一种无聊的慵懒。

下阕，词人把视角转向户外，春风早已送暖，燕子却迟迟未归，江梅花期过了，只有纷纷扬扬的柳絮四处飞舞。真是斗草筹花的好时候，可惜已是黄昏，丝丝春雨带来缕缕轻愁，一颗心就像雨中那湿漉漉的秋千，空空荡荡无所依托。

易安看到了美的存在：斗草之乐，柳枝生绵；也看到了美的流逝：江梅已过，春已黄昏。这是词人的即兴之作，却直直戳到了时光的残酷所在——这便是认真而执拗的造物，从不虚语敷衍，也不懂曲意逢迎，千万年来始终如一，在蓬勃的旺季捧出嫣红姹紫、满目盎然，该休憩了就丢来一树银霜、满地枯藤。

这时的李清照年纪尚小，诸般情绪半为喜春半为怜春，遗憾多停留在闺中闲愁的层面，她看到的日暮诚然便是春天的黄昏。还有词人，一眼便看尽了自己生命的落日。

少日春怀似酒浓，插花走马醉千钟。老去逢

春如病酒，唯有，茶瓯香篆小帘栊。

卷尽残花风未定，休恨，花开元自要春风。

试问春归谁得见？飞燕，来时相遇夕阳中。

————辛弃疾《定风波·暮春漫兴》

春至春归，昔日走马醉花的少年已成华发老翁，想前事悠悠，纵然再多惆怅、恁多遗憾，也只能道上一声"休恨"。

匆匆春来春又去，真真让人无可奈何。

3. 自是花中第一流

鹧鸪天·桂花

暗淡轻黄体性柔，情疏迹远只香留。何须浅
碧深红色，自是花中第一流。

梅定妒，菊应羞，画阑开处冠中秋。骚人可
煞无情思，何事当年不见收。

如果只是生在路边，养在盆里，花就仅仅是植物而
已，一旦入了诗词，它们的呼吸就多了一重意义——那些
热爱着这些植物的文人，透过花之形美、味香，放任自己
生命中如花般美丽的诗意肆意绽放。

易安是个爱花人，《漱玉词》中十之六七都会提到
花，生在庭院中的，开在郊野外的，长在宫殿里的，或与

春斗艳，或傲立寒冬，有的未开，有的正旺，有的已败，梅红梨白，棠残菊瘦，再有俏生生的藕花添彩，它们一起装饰着一卷《漱玉词》，装饰着她热热闹闹的一生。

少年时便才气过人，名满京城，承天作之合而幸得佳偶，一时风光无限，甜甜蜜蜜地恩爱，轰轰烈烈地相思，易安的前半生实在羡煞旁人；此后命运急转直下，国破、逃亡、丧偶、再嫁、离婚、寡居至死，后半生的每个标签都足以令人扼腕，串在一起就更让人唏嘘了。明明风华绝代却偏偏半世凄凉，每每念及，总忍不住长叹"易安"二字竟是谶语，她所追求的，终是没得到。

然而，便是这样跌宕的一生，付诸笔端却全部化作了温婉。毋庸置疑，《漱玉词》的底色是婉约的。若以水为喻，明明是波涛汹涌的湍流急瀑，到她这里，不知怎的就汇成了潺潺细流，涓涓不绝。不论性格里掺杂了几分倔强，风骨里浸润着多少倜傥，不论是飞舞张扬的幸福还是泫然欲泣的悲痛，都不急不躁，温温地氤氲到心里。

她始终温和而自信地站在那里，窈窕娴静，像极了百花园里那棵安安静静的桂树。

桂花是诗词里极安静的，不言不语却让人怦然心动的极致当是唐朝诗人王维的《鸟鸣涧》：

人闲桂花落，夜静春山空。

月出惊山鸟，时鸣春涧中。

桂花大概只算这首诗里的龙套，最后却夺了主角的风采，空谷山涧幽深寂静，好像又能听到桂花落地的声音，这份恬静闲适的诗心，果有禅趣。

桂花貌不惊人，却以怡人香气、疏淡情怀让人爱慕不已，惹得骚人墨客纷纷呈来情诗雅词以诉衷肠。白居易称赞过它的高傲心气，"一种不生明月里，山中犹教胜尘中"；宋之问沉醉于它的馥郁芳香，"桂子月中落，天香云外飘"；欧阳修表过钟情，"有客尚芳丛，移根自幽谷。为怀山中趣，爱此岩下绝"；朱淑真述过心志，"一枝淡贮书窗下，人与花心各自香"。

这些桂树长在不同年代，不同地方，却同样不以貌炫世，只在繁华世俗中，柔于形，淡于色，甚至静于声，"情疏迹远"，但求馥香自芳，难怪民间有谚："何物动人，二月杏花八月桂。"

桂树又称"木樨"，多生在岩岭间、僻静处，论珍贵远远不及御花园里的"浅碧深红"，即便如此却能让李清照毫不吝惜溢美之词，冠其为"花中第一流"。中秋之际，桂花是当之无愧的百花魁首，让花期未到的梅菊既生妒意，也感羞惭。

这"第一流"的桂花到底是什么模样？她在上阕首句只用十四字，就将其描摹得形神兼备：桂花之色，暗淡轻黄；桂花之形，轻柔秀美；桂花之味，暗香弥久。

人们常常以花喻人，在此不妨再循两者的相通之处：花的形色同于人之容颜，属外在，花的香味如人之品性，属内在。色淡形柔的桂花，本是平常物，奈何情疏迹远却不减芳香，足见更令易安倾心的乃是它的内在之美。

桂花凌风霜而不畏缩，香飘远却不跋扈，"生高山而独秀，无杂树而成林"，有独秀的骨气，还有隐士的脱俗，在易安看来，文人骚客理当被它折服，为它高歌。但是屈原的一首《离骚》，收遍天下名花，记载众多草木，其花草格调皆与人之品性相证，却唯独少了桂花，这让易安着实不平，于是大胆反诘，"骚人可煞无情思，何事当年不见收"？

李清照的抱怨委实显得任性了些，但她就是抑制不住自己对桂花的偏爱，唯有用这种热烈而直接的方式才能表达出来。想来对香草怀有同样偏执的三闾大夫能懂她的心思，同为爱花人，当不会介怀她的无礼。偏爱至深，易安也没有办法。

文人写花，很多时候是写自己，或借花言志，或借花抒怀，追求的是"花中有我，我中有花，人花合一"的境界。李清照也是，桂花花品既是《漱玉词》品，又是易安人品：雅静淡泊、情疏意远。

后人解读这首咏桂词时，常说到词中的这层寓意：词人自知出身就像桂花一样，不及"浅碧深红"的显赫，但只要保持如岩桂一样疏淡的情怀，就不怕芳香被人忽略。这种揣测也能寻到佐证，清照晚年曾在诗中回忆："嫠家父祖生齐鲁，位下名高人比数。当时稷下纵谈时，犹记人挥汗成雨。"祖辈虽然地位不高却有名声在外，正是得益于家族传统。不论治学还是品德，父辈祖辈的言行都是她骄傲的资本。

至此，便不能不提易安的父亲李格非。

李格非也是北宋的风云人物，但大概是女儿太过耀眼，以致令他显得有些黯淡。《宋史·李格非传》中记载了这么一件事："（李格非）为郓州教授，郡守以其贫，欲使兼他官，谢不可。"大意便是李格非在郓州为官时俸禄太少，郡守为他着想，想让他多兼个官职好多拿些薪资。当时有兼职在身的官员不在少数，北宋官吏之繁冗、机构之臃肿也可由此窥见边角。但这桩"好事"最后被李格非拒绝了。说他不识时务也好，刻板呆滞也罢，总之，他坚持了自己的原则。

为官，李格非追求清洁自持；为文，他讲究"诚"字，认为只有"字字如肺肝出"方显诚意。我们皆知李清照对陶渊明极为推崇，"易安"二字即取自《归去来兮辞》，却不知李格非对这篇文章也颇为赞赏，言此文"沛然如肺腑中流出，殊不见有斧凿痕"，既赞了此文的文字之妙，也表达了对陶公操行的敬意。父亲的影响潜移默化，易安人生白纸上的第一抹色彩由他涂抹，清淡平和，却保持了独立的倔强。

　　她根植于这样的土壤，嫩芽初发就懂得何为良木，何为朽株。她执着地按理想生长，不游移不偏离，直到长成自己最初设想的模样，落落大方，没有触目惊心的娇艳，也没有羞涩造作的扭捏。易安就这样，长成了一株桂树。

　　人说"八月桂花九里香"，若无此后令天地为之变色的政治风雨，这棵树该一直伫立在那里，闲适冲淡，摇晃着满树芬芳。只叹命运太过坎坷，催得花颜过早老去。

　　但令人欣慰的是，千年之后回首再望，这棵规桂树仍然不枯不朽。在激荡的岁月里，她俨然已经站立成永恒的风景，两宋文人特有的风骨气节是根桩，古典的婉约与高贵是枝干，才华与柔情随便倾溢便是繁花茂叶，清风拂过，带来沁人诗香。

4. 天上愁浓，人间益甚

行香子·七夕

　　草际鸣蛩，惊落梧桐，正人间、天上愁浓。云阶月地，关锁千重。纵浮槎来，浮槎去，不相逢。

　　星桥鹊驾，经年才见，想离情、别恨难穷。牵牛织女，莫是离中。甚霎儿晴，霎儿雨，霎儿风。

　　这天是农历七夕，天上牛女团圆，人间却夫妻两分。

　　独行独坐独卧，易安的心情颇为低落。明明没有起风，梧桐树叶却窸窸窣窣地飘落，好像是被草丛中传来的蟋蟀的长鸣惊扰所致。一声虫鸣就惊走了夏日，一片叶落就带来了秋天，看似造物鬼斧神工，实则是情绪的杰作——秋心合一是为浓愁，正是人间天上离情别绪最浓的一天，词人与丈夫两地相隔，诸般景象在她眼里都笼罩着愁色。

上阕首句中有两个意象影响了全词的基调，一是"鸣蛩"，一是"梧桐"。

对于昆虫来说，秋天是它们生命即将谢幕的舞台，所以它们的鸣叫很容易让人心生哀情。"蛩"即蟋蟀，又名促织，其声短促而凄切，闻之令人生悲，杜甫曾有诗云"促织甚微细，哀音何动人"。易安于百虫之中择此一种，正有借其声以表哀情的意思。

促织长鸣"惊落梧桐"，是夸张兼拟人化的处理，仿佛梧桐也能感知人的心情，以叶落来表相知。古诗词中，梧桐常被作为忠贞爱情的象征，如《孔雀东南飞》中"东西植松柏，左右种梧桐。枝枝相覆盖，叶叶相交通"。梧桐也常用来表达离愁、烘托寂寥与凄清的氛围，如温庭筠的"梧桐树，三更雨，不道离情正苦。一叶叶，一声声，空阶滴到明"，再如晏殊的"别来音信千里，恨此情难寄。碧纱秋月，梧桐夜雨，几回无寐"。

易安听虫鸣观叶落，触景生情间神游天际，自然地想到牛郎织女。晋人张华撰有《博物志》十卷，其中有关于牵牛织女神话的记载：

天河与海通。近世有人居海渚者，年年八月
有浮槎，去来不失期。人有奇志，立飞阁于槎，
多赍粮，乘槎而去。十余日中，犹观星月日辰，
自后茫茫忽忽，亦不觉昼夜，去十余日，奄至一
处，有城郭状，屋舍甚严，遥望宫中多织妇。见
一丈夫牵牛渚次饮之。

以云为阶，以月为地，如此壮丽浩大的天宫，竟容不
得一对璧人的相爱相守。爱情再坚定，却冲不破重重关
锁，只能远隔时空相望相守。

下阕里，词人俨然已经放弃了对现实的描写，转入天
马行空的想象，看似是代牛郎织女倾诉离别之苦，实则写
人间离别男女。

一年之中只得一次团聚，幸好有喜鹊搭桥，星河铺
路。但相逢的喜悦又掺杂了分别的不舍，每每聚首都不能
不想到离别又在眼前，这种离愁别恨真是年年岁岁难以穷
尽。相聚本就不易，天气又来相扰，一会儿天晴，一会儿
落雨，一会儿起风，天气如此阴晴不定，牛郎织女莫不是
已经分离了吧？三个"霎儿"，表达的既是牛郎织女的无
奈、词人心里的无限幽怨，更写活了世事的难以预测。

当时正是北宋崇宁三、四年间，朝内党争风起云涌之

时。对这个诡谲莫测的时期，陈祖美在《李清照评传》里讲述得十分形象：

> 朝廷争斗时急时缓，其情况既像是被人荡来荡去的秋千，又酷似儿童玩的跷跷板。这头被压得很低，那头就翘得老高。但是，板子高也罢，低也罢，我们的传主总得牺牲一头。因为翘板的一端是她的生身之父，另一端不只是"炙手可热"的翁舅赵挺之……

北宋党争，自仁宗景祐年间萌芽，直至北宋灭亡，持续了半个多世纪。既是政见分歧又有思想差异，个中缘由三言两语难以理清。可以肯定的是，党祸不仅影响了政治的走向，也改变了很多文人的命运，范仲淹、欧阳修、苏轼等文学大家悉数被卷入其中。

事实上，李清照的父亲李格非对学术的兴趣远远超过政治，无奈他以文章受知于苏轼，且与众多苏门子弟往来密切，即便他并无明确的政治立场，还是被划入了旧党苏门一派。崇宁年间，宋徽宗听从蔡京的建议，决定推行新法，新党上台势必开始打击旧党势力，李格非就这样糊里糊涂地被列入了"元祐党人"的黑名单。

李清照的处境非常微妙,她是"旧党"李格非的女儿,又是新党赵挺之的儿媳,政治斗争越是尖锐,她就越是尴尬。李格非被罢官之后,携家眷返回山东老家,李清照留在赵府,便如失去庇护的雏鸟,既愤懑又不安。很快,这场风波便波及她。《宋史·卷十九》有记载,崇宁二年七月,"诏责降人子弟毋得任在京及府界差遣",此后李清照可能被迫离京,投奔父母胞弟,直至三年后朝廷解除党人禁令,她才得以返京。

词人没有明言当时情况之艰难、处境之糟糕,却在词里表露一二。七夕之际,牛郎织女尚能团圆,她却因政治原因不能与丈夫相守,只能独自坐困愁城,天上愁浓,而人间更甚。词人既受思念折磨,又因时局惴惴,不能直抒胸臆,只能借虚幻的艺术形象来表达个人的人生体验。

写牛郎织女,字字句句何尝不是自己心事?离别看似是两个人的事情,实则总有第三者在场——未知的命运。命运的多变就像总爱变脸的天气,正因为未来的每一分钟都有一百种可能,人们才会有难以掌控的无力和恐慌,心里自然百味杂陈。

古人写相思,常常是"横也丝来竖也丝",坐卧起立都在想你,真实的情况往往更接近以下:既担心对方过得不好,又担心对方过得太好。他过得不好,你会心疼,但他若过得太好，又怕他忘了自己。所谓牵肠挂肚，从来都是七分挂念、三分自私。

易安也非圣人，她与赵明诚的这次分离，牵扯着太多和感情无关的琐碎。仅是经营感情已足够令人伤神，其他庞杂无疑雪上加霜。于是，思念较之从前少了汹涌澎湃的情绪，多了郁郁沉沉的忐忑，就像诡变的天气，霎儿晴、霎儿雨、霎儿风。

第四章

归来也，未错过

像是易安从心底叹出来的一样，叹已经错过
的旧日春光，叹莫可名状的乖张命运，更有
如释重负的感慨、失而复得的欣慰，"归来
也"，归来也。

1. 归来也，不负东君

小重山（春到长门春草青）

春到长门春草青，江梅些子破，未开匀。碧云笼碾玉成尘，留晓梦，惊破一瓯春。

花影压重门，疏帘铺淡月，好黄昏。二年三度负东君，归来也，著意过今春。

她病了很久，最后凄凄凉凉地死在了冷宫里，没有多少人为这位废后落泪。

病重时，她仍然记得很久以前的那一幕：年幼的刘彻坐在长公主刘嫖的膝头，顺着刘嫖指的方向望向自己，目光里跳动着张扬的喜悦。刘嫖问他："若要你娶阿娇为妻，可好？"刘彻喜道："若得阿娇作妇，当作金屋贮之也。"一句还未兑现的许诺，就像三月的阳光，让她瞬间心花怒放，然后燃尽一生。

陈阿娇的故事，从"金屋藏娇"开始。后来，这个词语被用来形容男人对所爱女子的万千宠爱，情韵旖旎且极尽暧昧。男人习惯把心迹收敛起来，若表露在人前，可视为对对方的极致讨好与恭维。人们总说这桩风流佳话的背后，其实是权势与权势的相互试探、利益与利益的暗地勾结，却有人更愿相信：那一刻，无论是他的甜蜜承诺还是她的芳心暗许，都只是青梅竹马约定的白首誓言，纯粹而郑重。否则，阿娇的一生实在太苦。

爱情的伊始太过浪漫，之后就难免落入俗套。刘彻当了皇帝，身边少不了莺莺燕燕的环绕。阿娇一直无子，渐渐失宠，开始幽怨、忌妒，后来宫里出了巫蛊案，查来查去矛头直指向她，彼时她已被皇帝冷落许久。既然皇帝一个转身就弃昔日承诺如同草芥，旁人便不再害怕背上落井下石的骂名。一瞬间金屋崩塌，誓言不再，刘彻一纸诏书废黜了她的后位，将她幽禁长门宫。

金屋藏娇的甜蜜不过是一个引子，千金买赋的心酸和荒唐才是这段往事的高潮。史书洋洋洒洒，给陈阿娇烙上了一个善妒的名声。

若早生千年，易安大概会为阿娇送上一份惋惜。对爱情重视如她，明白谋爱不得的噬心之痛；命运坎坷如她，也晓得晚景落寞的透骨凉意。阿娇幽怨，易安爽冽，她们虽是不同的女子却有共同的悲哀：把情看得太重，若失意，就是灭顶的祸事；若得意，就有满分的幸福。

好在除爱情之外，易安还有诗词金石、家国天下可以寄托，又好在赵明诚不是刘彻那样的男人，对女人狠绝，直让千红一哭、万艳同悲。如此，易安虽看重爱情，却未坠入爱情的魔障。

因元祐党人之禁被迫离京的李清照，恍惚觉得自己和幽居长门宫的陈阿娇同病相怜，相思太甚，以致生了失宠的烦恼。不过，阿娇的长门宫一年到头都是冬天，因为幸福无望；易安盼来盼去，到底把春天盼来了——崇宁五年（1106）正月，宋徽宗下诏毁元祐党人碑，大赦天下，重新启用元祐党人。

党人之禁被废除，意味着易安终于可以回京了。

太过欢喜，唯有欢呼出声才能确定这不是一场大梦——"春到长门春草青"，起调是五代时期花间派词人薛绍蕴的原句，易安不改一字直接套用，足见这一句十足地戳中了她的心思。这是对"长门"冬日的告别，亦是对春日的满心期待。

江梅嫩蕊初绽，花朵或薄或厚、颜色深深浅浅。江梅开得尚不均匀，足见汴京的春天刚刚开始。午后小寐，大概梦到了不开心的旧事，瞬间惊醒。不过这场梦没有影响她的心情，只需香茗一瓯就能驱散不安。宋人喜好将茶制成茶饼，饮茶时须"碾碎再罗，然后入汤"，易安选的新茶碧绿鲜嫩，宛若碧云，轻轻碾磨，细细的茶叶便如玉成尘。饮茶本是寻常琐事，词人却写得极尽优雅、清新，可见当时的心情是多么欢愉。美景、乐事，她对幸福的要求就是这么简单，奈何生活总是不肯成全。

香茶慢品，直到黄昏时分。"花影压重门，疏帘铺淡月"，似有沁人花香，又有幽雅月影，此情此景，令词人忍不住赞叹："好黄昏！"这是对美景的热烈赞美，亦是对心情的肆意抒发。一句有声的赞叹径直把易安本人拉入词中，是为王国维先生所言的"有我之境"——"有我之境，以我观物，故物皆著我之色彩"。

事实上，他人眼里的初春，或许只有冰雪消融后的乍暖还寒，梅未成堆柳未扬絮，只算得上是平常景色，但易安心情实在太好，明快舒畅的喜悦不只甜了心头，还给所见之物尽染喜色。只是她的技巧纯熟，文字间未留人工雕琢痕迹，处处有我，却又把主观的"我"遮盖得严严实实，不知不觉把人诱入词境，我们自以为看到了绝色的风景，却不知这其实只是词人眼里的无边春色。

此时的易安有多炽烈欢喜，不得返京时她就有多沉郁悲伤。词人有怨念，"二年三度负东君"，东君是司春之神，管得了春天却管不了凡人。易安有恨，两年三度负了春光，负了韶华，但这些又不是她遗憾的全部内容。举案齐眉之礼、张敞画眉之乐，多少女子心有祈愿，只叹，一旦掺和了诡谲的政治、多变的时局，便是粗茶淡饭，常常也成神话。

这个阶段，于她而言，爱情或许不是唯一，却一定是最重要的。她的悲欢，都因对方的存在更加深切。要知道，两个人眼里的春天，比一个人看到的更美，不是因为多一双眼睛就能看到更多更远的风景，而在于他们能够看到彼此眼中的情意。

最深最重的爱，会与时日一起成长，相守相望，都是给养。

不能朝夕相对，心像被搁置长门，陈阿娇盼了半世，没等到君王的垂怜，易安却终于等来了春归的信号。

像是易安从心底叹出来的一样，叹已经错过的旧日春光，叹莫可名状的乖张命运，更有如释重负的感慨、失而复得的欣慰，"归来也"，归来也。

春归来，人归来，没有再度错过，真好。

2. 江梅渐好，怎奈风吹瘦

满庭芳（小阁藏春）

小阁藏春，闲窗锁昼，画堂无限深幽。篆香烧尽，日影下帘钩。手种江梅渐好，又何必、临水登楼。无人到，寂寥浑似，何逊在扬州。

从来，知韵胜，难堪雨藉，不耐风揉。更谁家横笛，吹动浓愁。莫恨香消雪减，须信道、扫迹难留。难言处、良宵淡月，疏影尚风流。

久别重逢真让人热血沸腾，尤其是她已经用了几百个昼夜期待这一刻的到来，喜悦化作了"归来也"的欢呼。

她的喜悦如此珍贵，因为太少，而且短暂。这次也是，炙热的欢喜只是瞬间，很快便燃烧殆尽，还没来得及和人分享，就陷入了难以言说的忧愁。类似的情绪在《满庭芳》和稍后的《多丽》中都有所流露，以陈祖美先生为代表的多位学者，将她在这段时间的愁概括为"婕妤之悲"。

婕妤是宫廷嫔妃的称号。宫里女人的烦恼最常见的不外乎两种：或嫌权力太小，或嫌爱情太薄。若只为前者，斗智伤神而已，但要是为了后者，伤神之余更怕伤心。她们望向同一个男人，朝朝暮暮只为讨他欢心，可是，那人的情与爱注定只能分成大大小小的若干份，送出时有如施舍。

女人的爱是无私的，她若爱了，青春、财富乃至生命，都能毫无怨言地给你；女人的爱又很自私，她能给你一切，却容不得把两个人的爱情和第三人分享。可是，环绕在皇帝身边的，又岂止第三人、第四人！这让婕妤如何不悲？

世俗默认男人可以纳妾、女人必须守节的年代，宫墙内外的女子有一样的悲哀。丈夫越是富贵显达，她们就可能要和越多的女人分享他的感情。她们不满，却不能忌妒，男人们说了："妒能乱家。"故而，"妒"被列入"七出"，可作为男人休妻的依据。于是，女人们把怨愤硬生生地忍成幽怨，久而久之竟也就习惯了。恰是习惯，让一切不合理显得顺理成章。

可能是出于对丈夫即将纳妾的担心，或是这样的尴尬已成现实，重回汴京的热情迅速降温，夙愿得偿的快乐还没持续多久，李清照就坠入了春藏昼锁的冰凉世界。

后人之所以说这首词发的是婕妤之叹，一是源自整首词的伤感味道。

彼时李清照与赵明诚久别重逢，政治施加于她的无端迫害又被解除，按理说她该是明亮的、雀跃的，但是很明显，除了一首《小重山》，她写于这段时期的词多被悲愁笼罩，色调黯淡且压抑，《满庭芳》是其中一首。

在这首词里，春是藏着的，昼是锁着的，一切明媚的色调都被莫名的情愫束缚着，压制着。她的心就像无限深幽的画堂，好像藏着很多秘密，欲向外宣泄，却又被自己上了锁，不可说，无法说。有人说这首词里藏着李清照"内心的隐秘"，是什么不好开口的秘密，就连在词里也要遮遮掩掩？

她本就兴致缺缺，待到篆香烧尽、日影沉沉，人也随着暗下去的光线一起陷入了沉寂。

李清照甚爱梅花，未嫁之前曾在家中植一株江梅。眼下，这株江梅"渐好"，这意味着她此时不在夫家，而是在李家老宅。她说"无人到"，语气是平淡的叙述，看似波澜不惊，实则藏着"盼人到"而人未到的极大失望。没有临水登楼的兴致，亦无人相伴，她身边只有江梅，恰似昔日何逊以梅为友，寂寥的人与花相视无言。

何逊是南朝梁代诗人，爱梅成痴。相传，何逊在扬州任官时，宅院里有一株梅树。每逢花开，他就在树下久久驻足，不肯离去。因官职调动而离开扬州之后，何逊终日思梅，最后恳请朝廷将他再度调任扬州。重回之日，正逢梅花盛放时，何逊对着满树花香，笑得很是快慰。

可惜，这一瞬间的心满意足，不足以冲淡他一生的抑郁。何逊为人耿直，虽曾得到梁武帝的赏识，却因时有忤逆言语被武帝疏远，且屡遭谪迁。辗转半世，他也不过是个进不得幄幕的幕僚。在他的名篇《咏早梅》（又作《扬州法曹梅花盛开》）里，可以读出些许失意和落寞。

兔园标物序，惊时最是梅。

衔霜当路发，映雪拟寒开。

枝横却月观，花绕凌风台。

朝洒长门泣，夕驻临邛杯。

应知早飘落，故逐上春来！

易安和何逊同为爱梅人，写词时又引了何逊与梅的旧典，想来她应该读过这首诗。"朝洒长门泣，夕驻临邛杯"，何逊借了陈阿娇被黜长门、临邛卓文君遭弃的伤心事，抒自己不得志的郁郁情。陈阿娇和卓文君相同的经历是被疏远被遗弃，汉武帝有李夫人、卫子夫，环肥燕瘦不必多说，司马相如也有过弃患难之妻、纳妾蓄姬的念头。《满庭芳》里李清照对梅神伤的情状，正与何逊相似，但易安无仕途之念，不求闻达于诸侯，故而不会像何逊一样作"香草美人"式的咏叹，她要叹的，是关于爱情的不安。

人若心都不专，如何保持感情的纯粹？爱情里，一方比另一方爱得认真，天平就会失衡。这时的李清照，大概和陈阿娇、卓文君有着同病相怜的感伤，她不无失望地说"无人到"，女人倘若注意到某人的缺席，这人必然是她在意和期盼的。

易安可能会怨，却不能妒，不能恨，就连写词都要做些遮掩；又或者，她的含蓄是出于自持的本性，即便惆怅不能失了自尊与优雅。且看这首词的下阕，江梅虽美，终归"难堪雨藉，不耐风揉"，就如那些美丽的女子，奈何不了世俗的伤害。梅花落的笛声不只吹得花谢，还扰得愁起。莫要怨恨花落雪消，要知道，纵使风把落梅吹扫一空，也不会吹散词人与梅的相惜之意。人"难言"时，趁着良宵伴着淡月，想起梅的风姿，依旧清雅风流。

她苦闷、悲伤，却克制。这样压抑的自强与自爱，比喋喋不休的哀婉幽怨更加尖锐，令人不忍卒读。大概易安心迹过于隐晦，使关于赵明诚纳妾的揣测显得轻率，恰可在下文中细细推敲，因为待到这年秋天，她对菊长叹，写下慢词《多丽》时，那股浓烈的婕妤之悲竟掩也掩不住了。

第五章

青州一觉梦十年

青州十年是李清照人生中相对安逸的阶段，
只因她此时"有酒可喝，有书可读，有人可
爱，有家可安"，她真心盼望能与丈夫一起
终老于此。

1. 一个人的白首之约

多丽·咏白菊

小楼寒，夜长帘幕低垂。恨萧萧、无情风雨，夜来揉损琼肌。也不似、贵妃醉脸，也不似、孙寿愁眉。韩令偷香、徐娘傅粉，莫将比拟未新奇。细看取、屈平陶令，风韵正相宜。微风起，清芬酝藉，不减酴醾。

渐秋阑、雪清玉瘦，向人无限依依。似愁凝、汉皋解佩，似泪洒、纨扇题诗。朗月清风，浓烟暗雨，天教憔悴度芳姿。纵爱惜、不知从此，留得几多时。人情好，何须更忆，泽畔东篱。

"愿得一心人，白首不相离。"这是卓文君在最伤心的时候写下的诗句。她以最大的勇气，陪司马相如完成了历史上令人瞩目的私奔。可惜这个浪漫的故事有一个毫无新意的后续——男儿薄幸，仕途得意的司马相如喜了新厌了旧，他要纳妾。

只求有人陪自己践白首之约，那个时代的女子，若对婚姻怀着这样纯粹的期待，是不是太奢侈？明明是最简单的愿望，最后常被复杂化，那时的爱情就有这种化简为繁的魔力，让人百般嫌弃又无可奈何。更让人无力的是，即使一个人已在心中设计好了理想爱情的模样，还是没有具体的方向可以努力。

鲜有女子会心甘情愿地和别人平分爱情，李清照设计的爱情，应该只属于她和赵明诚两个人。但是，"设计"常常是根基不稳的臆想，如风中之絮、水中浮萍，有很多难以预知的因素都可能改变原本的轨迹。比如，成亲多年，李清照与赵明诚一直没有孩子。

南宋金石大家洪适，在《隶释》一书的《金石录》跋文中明确说道："赵君无嗣。"又有南宋人翟耆年在《籀史》卷上"赵明诚古器物铭碑十五卷"中说："（赵明诚）无子能保其遗余，每为之叹息也。"另外，赵李二人的存世文字中没有关于子女的只言片语。对于易安来说，风花雪月、山水草木无一不可入词，若有子女，她不太可能一字不提；而且，《漱玉词》里家国之恨、爱情喜忧都鲜明耀眼，即使表达得云淡风轻也遮不住内里的炽烈，始终少了一份和缓的力量予以调和。她大概从未有过作为母亲的体验，对于一个女人来说，这真是莫大的缺憾，人生有所缺失，也使整卷词弥漫着不圆满的情绪。

"不孝有三，无后为大"，无子在"七出"中被列为第二条。即使赵李二人的婚姻有志同道合、惺惺相惜作为基础，赵明诚也未必能做到毫不介意；即使赵明诚不介意，那赵家长辈呢？不能为夫家延续香火，不论责任在谁，外人眼里这都是女人的罪过，才女也不能例外。赵明诚若以此作为纳妾的理由，李清照自然不能反驳。

即使为赵家生下了子女，赵明诚若要纳妾，李清照也无话可说。纳妾蓄婢，本是古时男人的"合法权利"，更何况是在"红袖添香夜读书"风气笼罩下的宋朝。

北宋文人糜烂而奢侈的生活方式，竟也是朝廷默许和提倡的。宋初，太祖为巩固中央集权，"杯酒释兵权"时曾说："人生如白驹过隙，所谓子富贵者，不过欲多积金钱，厚自娱乐，……多致歌儿舞女，日饮酒相欢以终其天年！"他本意是为巩固王权，但这番话也成了宋朝享乐思想的源头。倘若没有金人的马蹄声惊醒北宋文人的美梦，他们大概也会不知不觉地溺毙在温柔乡里吧。

那是一个被声色歌舞包围的朝代，拥妓纳妾是男人的权利，也是士大夫的时尚。历史上很多著名的达官显贵、文人名士都曾拥红叠翠，或在家中蓄养姬妾，或流连于花街柳巷。

在这种风气影响下，家世显赫又有才名的赵明诚若萌生纳妾的念头，也不难理解；追求个性自由、生之平等和爱之尊严的易安对此会有不满和不安，也属正常。

关于赵明诚确曾纳妾一事，学者们还有另一条证据：赵明诚去世之后，李清照为完成他的遗愿，花数年心血整理完成《金石录》。在《后序》中，她回忆丈夫亡故的场景时曾说："（赵）取笔作诗，绝笔而终，殊无分香卖履之意。"

"分香卖履"出自《魏书·武帝记》，说的是曹操临终留下遗嘱，令丧葬从简，并将婢妾和歌舞艺人安置在铜雀台，不要把他留下的香料用来祭祀，可分给家中妻妾，又特意嘱咐她们平时可以做些草鞋来卖，既自食其力又可消遣时日。这个成语用来形容一个人临终之际对妻妾念念不忘，发生在曹操这一代枭雄身上，倒也颇有几分动人。

学者康震先生认为，李清照使用这个典故意在说明赵明诚临终并未将财产分与妻妾，也恰恰说明了"妾"的存在。

有了以上分析作为背景，读《多丽》时再联系词里的多个典故，就不能单纯将之理解为一首托物言志的咏菊词了。

少年意气时，秋天虽也是"红稀香少"，但"水光山色"到底还是"与人亲"，现在，凋零才是秋的本色。这也正好能看出一个人的成长，秋天还是数年前的那个秋天，只是站在那里的人已经被秋风秋雨愁煞。

冷秋的夜晚，风萧萧雨连连，小楼上帘幕重重低垂也挡不住侵骨的寒气，无情的风雨，揉损了正在怒放的白菊。词人怨风雨无情，也是怨人之有情。"有情"是所有重情之人的死穴，人若无情，就不必为庭院里的菊花担忧，更不怕为情所困、因情而伤。

她一连用了四个典故来反衬白菊的清雅。白菊不展富贵，不像醉酒的杨贵妃一样丰腴惑人；东汉权臣梁冀的妻子孙寿"色美而善作妖态"，并喜画长而曲折的眉，被称为"愁眉"，而白菊不像她那样善作媚态；韩令即韩寿，是西晋开国元勋贾充手下的官吏，因相貌俊朗而得到贾充之女的青睐，并在私会时收下了对方送给他的奇异香料，也正是因这异香，贾充发现了他们的私情，无奈之下只好允了两人的婚事；徐娘是南朝梁元帝的后妃徐昭佩，她美丽聪明且热情如火，芳龄之后也不忘精心打扮，故而有

"徐娘半老风韵犹存"之说，易安此处便是要说这白菊不似韩寿身藏异香，也不像徐娘着意装扮，但幽香丰彩又自有魅力。

微风拂来，清芬酝藉，不输于荼蘼花。这样高洁的菊花，只有屈原、陶潜这样的雅士才有与之相似的风度气韵。

词人在上阕中写的是白菊，抒的却是个人的志向。至清至明，这是她对自己的要求，也是对爱情的期待：容不得谄媚、容不得敷衍、容不得伪饰。她有怎样的期待，自然会怎样要求自己，只是对当时的女子而言，一夫一妻、白头偕老只是理想。这样的理想，现实中终究"求不得"，是为人生一悲。被赋予人格的白菊遭遇的风刀霜剑，也是词人自己的感受。于是她在下阕讲了两个和"失去"有关的故事。

"汉皋解佩"出自汉代刘向的《列仙传·江妃二女》，说的是一个叫郑交甫的人游汉水时，见两位美貌女子，悦之，于是下车请其佩。郑交甫不仅有许仙式的呆气，竟然还有许仙的运气，两位女子真的解下玉佩送给他。他很开心，"悦受，而怀之中当心"。如此小心翼翼，最后也只落得空欢喜一场，"趋去数十步，视佩，空怀无佩。顾二女，忽然不见"。得而复失，可有遗憾？

"纨扇题诗"讲的是班婕妤的故事。班婕妤是汉成帝的妃子，出身名门，是班超、班固的姑姑。她善丝竹、能辞赋，又有贤德，受到汉成帝宠爱。但这样的幸福只维持到赵飞燕姐妹入宫，成帝沉溺于声色犬马，渐渐疏远了她，她又遭到赵家姐妹的陷害，只好自请去长信宫侍奉王太后，终日与青灯相伴。成帝驾崩之后，班婕妤又请旨前往成帝陵守墓，孑然一身直至离世。她也有过怨言，在《怨歌行》中以团扇自喻，"常恐秋节至，凉飚夺炎热。弃捐箧笥中，恩情中道绝"。人如团扇，天热时伴主人左右，天凉后即被抛弃。爱而遭弃，可会伤心？

　　遗憾，伤心，都被易安融进朗月清风、浓烟暗雨里。她以白菊自喻，又深知"天教憔悴度芳姿"，花终归会谢；人情凉薄，纵使自己再珍惜、再用力，情怕是也难长久。

　　从现存的资料来看，赵明诚和李清照确实恩爱，夫妻情深也毋庸置疑。金石学问上的志趣相投、异地而居的相思相望、动荡岁月的相濡以沫，并非全是后人杜撰。赵明诚可能曾经纳妾，但应该还是深爱发妻，结发之情也不是说淡就淡的。可惜他要顾及的人多了，难免会有冷落偏颇，敏感的易安，心里就只剩了被放大的痛苦。有时候男人就是这样，可以把感情同时分给几个人，并且坚持认为每份都是百分之百的真心，直到多年之后，若有机缘，或许他才能明白，彼时对方真正想要的却不是这样的真心。

有部电影曾有类似的情节：男人年轻时与其他女子有颇多纠葛，爱得缠绵至极，大有一生一世不离不弃的执着。他的妻子太爱他，心里难过也极少抱怨，只是一直陪在他身边。多年之后，昔日情人已不知身在何处，回忆起这桩风流往事，他对妻子说了一句："从前的事，对不起。"

易安没有这位妻子的好运气，那样的时代，注定了她永远等不到这样的道歉。昔日的白首之约，不知怎么就成了一个人的事情。一个人背着两个人的誓言，怎么可能不辛苦呢。

2. 春色深深，惶恐切切

浣溪沙·春景

小院闲窗春色深，重帘未卷影沉沉。倚楼无
语理瑶琴。

远岫出云催薄暮，细风吹雨弄轻阴。梨花欲
谢恐难禁。

初见这词，语言清丽，别致幽雅，却偏偏读出了"山
雨欲来风满楼"的压抑，还有什么难以名状的情绪堵在胸
口，压抑难耐。

翻遍辞书典籍，前人多说这词要抒发的不过是年轻词人
的一腔闺情、春怨，略略读罢似乎也说不出什么新意。但以
"惜春"二字炼其精髓，总有几分意犹未尽萦绕不去。

"小、闲、深"三字一出，空间寂寥、心情落寞之感顿现，词人独处小院，对窗观望只见迟迟春色，萋萋卉木。屋内重帘未卷，半遮半掩间阴影洞洞沉沉。

　　倘若屋外阳光璀璨，光线穿过边边角角的缝隙闪进室内，浮动跳跃，或许还能为沉寂的人与景添些灵动。但从下阕可知，这一天没有阳光，还下着小雨。春雨本来金贵，人常赞其"知时节，乃发生"，显然词人的心情与此并不合拍，细风阴雨让她的惆怅又深了一层。

　　淅沥沥的雨声传来，反倒衬得周围越发寂静。光线越来越暗，她倚在廊边出了会儿神，眉头微皱神情认真，不知是在思人还是想事。末了，她轻叹一声，垂首拨弄手边琴弦，像是无心又似有意。伴着时断时续的琴声，远山处云出云归，只觉得暮色渐渐深了。

　　正惆怅，抬眼又见院中梨树正与风雨相抗，那一树洁白的梨花，终是留不住了。

　　不知为何，总觉得这句"梨花欲谢恐难禁"虐得紧。大概是词人营造的愁绪太浓重，又或是这短短几字本就包含过于强烈的无奈。花将凋谢，人欲挽留，明知不能又不甘心。反复玩味，苦意更浓。

　　忽然间发现：那个活泼娇俏的少女，究竟是从何时开始变得安静了？弄扁舟、喝小酒、荡秋千，昔日俏皮的少女如今静坐不语，恍然已多了几分成熟。当一个好动的少女开始沉默，多半是邂逅了爱情，抑或遭遇了打击。我们的女词人属于哪一种？

"此首亦当作于李清照待字汴京之时，且属少女怀春之什"，若按这种常见的说法，词人当属前者。爱情让人沉默，也让人变得成熟。爱情是无师自通的，懵懂的年纪初尝相思，不知不觉就变得沉静，或在心里默默勾勒那人的影子，或憧憬夫唱妇随、举案齐眉的将来。

这个阶段的爱情，味道多半是甜的，即使偶有忧伤，也断然不该像词中这样"影沉沉"。从现有的资料来看，李清照出嫁前显然没经历过什么惊天动地、荡气回肠的爱情，不该把怀春的情愫表达得如此压抑。

那么，便有可能是后者了吧。

按徐培均先生在《李清照集笺注》中的推断，这首词可能完成于李清照结婚之后、屏居青州时期。下阕中有一句十分关键，"远岫出云催薄暮"，全词通篇都在写实情实景，并无思绪缥缈、天马行空的迹象，这就意味着李清照在家中可以看到远山。汴京地处平原，而青州西南却有座仰天山，根据《明临朐县志》记载，"仰天山在县南七十里……山麓有洞，深可五七丈许，上有通窍天云"。因此"远岫出云"，描写的可能就是仰天山罗汉洞的景色，时间大概是"大观某年之春天"。

这番推论或可附议。大观元年（1107），权臣蔡京复起再相。在此之前，赵明诚的父亲赵挺之屡与蔡京争权，甚至上书"陈其奸恶"。蔡京下台后，赵挺之取而代之，坐上宰相之位，达到了权力巅峰。等到蔡京又掌了权，第一个要收拾的就是赵挺之。

大观元年三月，赵挺之被罢相。

五天之后，赵挺之郁郁而亡。

又过三天，尸骨未寒，抄家的官卒就急不可待地闯进了赵家。

昔日权贵豪门，倒台之后也只剩大厦倾塌的狼藉。赵明诚兄弟被投入大狱，直到七月才得释放，罪名虽被免除，官职俸禄也撤得干净。

出狱后不久，赵明诚携李清照回了青州老家，这一住就是十多年。

青州十年是李清照文学事业的第一个高潮，也是她人生中相对安逸的阶段。有人说这期间的李清照"有酒可喝，有书可读，有人可爱，有家可安"，这十六字确实可以概括她安居青州的日子，但不能完全忽略此前政局动荡、人情冷暖带来的冲击。

李清照是个敏感的人。政治这个词太复杂，太冰冷，局外人通常会下意识地远离，但一方退让未必就躲得过另一方的步步紧逼，无论多不甘愿，年轻的李清照都得承受政治风波带来的后果。

早在崇宁年间，也就是赵挺之倒台的三四年前，李清照的父亲被牵扯进党争浩劫。皇帝御笔一挥，向来醉心书卷、淡泊名利的李格非就被划进了"元祐党人"，按皇帝旨意将被外放出京。那时赵李两家已经联姻，李格非遭劫时，赵挺之正得势。李清照上诗公公请他帮自己的老父亲渡过难关。

赵挺之当时是什么态度，史料中虽没有明确的记载，却可通过其后李清照的反应一探端倪。南宋人晁公武在《郡斋读书志》中记载："其舅正夫相徽宗朝，李氏尝献诗云：'炙手可热心可寒。'"大权在握热得烫手，李清照却觉得心寒。

父亲被卷入党争，这是李清照遭遇的第一场人生变故，此前的云淡风轻被这场骤雨扰了节奏。官场的尔虞我诈、权力倾轧本与她无关，她却不得不面对，虽不必小心翼翼如履薄冰，但风云变幻也让她不得不更加清醒。不过三年，赵家又遭逢剧变。赵挺之郁卒，赵氏兄弟入狱，仆婢散尽门庭冷落。等待赵明诚出狱期间，李清照的境况不难想象。

是以，到青州后不久，想起崇宁党争和大观之祸，李清照若有惶恐，若感无力，也就不难理解了。

3. 武陵人远，新愁又添

凤凰台上忆吹箫（香冷金猊）

香冷金猊，被翻红浪，起来慵自梳头。任宝
奁尘满，日上帘钩。生怕离怀别苦，多少事、欲
说还休。新来瘦，非干病酒，不是悲秋。

休休，这回去也，千万遍阳关，也则难留。
念武陵人远，烟锁秦楼。惟有楼前流水，应念
我、终日凝眸。凝眸处，从今又添，一段新愁。

"凤凰台上忆吹箫"，这个词牌最早见于北宋晁补之
的《琴趣外篇》，为人熟知是因为李清照的作品，后人很
少再用此调。晁补之算得上是易安在文学上的老师和忘年
交，他们二人一起让这个词牌得以留名，可谓佳话。更有

意思的是，晁补之写的是男人的相思，李清照写的是思妇的闺愁，两相比较玩味，更有滋味。

　　　　千里相思，况无百里，何妨暮往朝还。又正
　　是、梅初淡伫，禽未绵蛮。陌上相逢缓辔，风细
　　细、云日斑斑。新晴好、得意未妨，行尽青山。
　　　　应携后房小妓，来为我，盈盈对舞花间。便
　　拼了、松醪翠满，蜜炬红残。谁信轻鞍射虎，清
　　世里、曾有人闲。都休说，帘外夜久春寒。
　　　　——晁补之《凤凰台上忆吹箫·千里相思》

　　词里出现的唯一人物是"后房小妓"，不知她是否就是晁补之相思的对象。晁补之可谓是个多情种，除这首词之外，他曾为即将离去的家妓荣奴写过《胜胜慢》，也是词牌"声声慢"的最初由来，其中流露出的不舍之情直白动人；他也为一名歌姬写下过《紫玉箫》，借巫山云雨的典故表相思之情和求而不得的痛苦。在蓄婢狎妓蔚然成风的北宋，红袖添香佳人相伴，是士大夫们追求的雅致生活。

　　多情而不专一，成就了文人的风流名声，也造成了女子的悲剧。令男人们沾沾自喜的风流事，是女子最担心也最厌恶的。所以，虽然用的是同一个词牌，词旨却大相径

庭，让晁补之们魂牵梦萦的，恐怕也正是李清照们避之不及的。

赵明诚的身边，大概少不了莺莺燕燕的环绕，所以当他即将远行却不能把李清照带在身边时，她害怕，怕他另结新欢，怕他忘记自己，怕他不回来，还怕他不肯履约接自己去团聚。赵明诚很幸运，他有一个用情极深的妻子，以至于他的一言一行，都能在对方的生活里掀起波澜；但他未必能珍惜这份幸运，多数男人更喜欢既痴情又知趣的女人。这些小心翼翼和惴惴不安，都是李清照爱的方式。

易安是个爱美的人，她也有过"怕郎猜道，奴面不如花面好，云鬓斜簪，徒要教郎比并看"的任性时候。倘若一个女子呈现出撒娇式的任性，必是因为她深信有那么一个人，可以无限度地包容甚至欣赏她的娇纵。那时候和花比美的意气，倒不一定真为了分出高下，不过是爱人之间调情玩闹的幌子。

可是如今呢，那个与花争宠的女子，竟只做慵懒之态。狮子铜炉里的熏香早已燃尽，冷却的炉壁上缭绕着丝丝缕缕的香烟，红色的锦缎绣被乱作一团地堆在床上，她也无心去收。任尘埃爬满梳妆镜匣，任日上三竿照到帘钩上，她懒得梳头，懒得妆扮。

是了，赏花人不在，鲜花又为谁绽放？

心灰意懒的味道开始蔓延，只为"生怕离怀别苦"。他要离开一段时间，她突然觉得无论做什么都没了兴致。分别只是暂时，或许下月就能团聚，却能对她造成这么大的影响，除思念外恐怕还有隐情，或许是因为对未来的不确定——也是对对方情感的不确定，但这份隐秘心事又不能明言，"多少事、欲说还休"。

赵明诚要远行之事，应该是早就安排好的。于是在他离开之前，每过一日她的忧虑就加重一层，烦恼堆积心头，人也渐渐憔悴。丈夫兴许还以为她的消瘦是因为近来醉酒、或是秋愁使然，又怎么明白她心里的计较？

他不懂，或者假装不懂，所以终究会走，且必须要走。

易安未着笔墨来写分离时的场景，直接跳跃到了分别之后，但是她为丈夫送行时的画面也不难想象。"休休，这回去也，千万遍阳关，也则难留。"她是个聪明的女子，聪明到懂得克制，既然留不下他，即使唱上千万遍阳关调又能怎样？只能扰他心神，乱己心思。哎，算了吧，与其徒做悲伤，不如嘱他衣食冷暖旅途安危。这依然是她爱的方式。

故作坚强的人，常有比常人更深刻的伤心。在人前，端的是去留无意、宠辱不惊；独处时，甚至有毁灭般的痛苦。她想念身在异地的丈夫，也担心两人的感情会因为漫长的距离而疏远，"念武陵人远，烟锁秦楼"，一想到他已经离去，只剩自己独守空楼，伤心太盛，词人竟有些痴念了："惟有楼前流水，应念我、终日凝眸。"流水本是无情物，怎么会"念"人的心事？也正是因为这样，词人凭栏远眺、终日盼归的身影，映在楼前流水里，才显得更加孤独，更加可怜。

结拍顶真，前后蝉联、上递下接，把词人愁的情绪推到了极致，却还像上阕一样表达得隐晦，那欲说还休的，应该就是没有点破的"一段新愁"吧。

有学者推测赵明诚这次远行，可能是离开青州赴莱州上任。党争既平，赵明诚能再次出仕，本来是件值得高兴的事，但出于某种未知的原因，他未携家眷，这直接导致了李清照的不安。她的情绪，在"武陵人远，烟锁秦楼"一句中，表达得隐晦而强烈。

"武陵人"借的是刘晨、阮肇山中遇仙的典故。东汉时期，有痴汉刘晨、阮肇在桃源迷路，遇到两位美貌仙女。他们受仙女相邀到家中做客，生活了大半年。等到终因思归回到老家，他们才发现"山中方一日，世上已千年"，妻儿早都已经过世，在世的已是第七世孙。这是李清照的怕，怕赵明诚这"武陵人"一去经年，另结新欢，以致留恋不归。

"秦楼"典故和词牌相和，出自《列仙传》，说的是春秋时萧史和弄玉的爱情故事。

> 箫史者，秦穆公时人也。善吹箫，能致孔雀、白鹤于庭。穆公有女，字弄玉，好之，公遂以女妻焉。日教弄玉作凤鸣，居数年，吹似凤声，凤凰来止其屋。公为作凤台，夫妇止其上，不下数年。一旦皆随凤凰飞去。

　　萧史、弄玉神仙眷侣、琴瑟和鸣，赵李二人刚结婚时也有这样的恩爱美满、志同道合。这是李清照的怨，萧史弄玉能携手而去，赵明诚却不能携她同行。

　　不论是怨怼还是惧怕，都是易安对赵明诚的诚挚恳求，盼他待这份感情一如往昔，纵使离别也千万不要变心，用隐晦的方式表达，既是希望，也是商量。

　　不知道赵明诚有没有读过这首词，又会做出怎样的回应，只知道，流水旁、重楼上，有位佳人长久伫立，凝眸远望。既是真心，虽有幽怨也要多年如一日地等着盼着，守着望着。

4. 斜风细雨乱青州

念奴娇·春情

萧条庭院，又斜风细雨，重门须闭。宠柳娇花寒食近，种种恼人天气。险韵诗成，扶头酒醒，别是闲滋味。征鸿过尽，万千心事难寄。

楼上几日春寒，帘垂四面，玉阑干慵倚。被冷香消新梦觉，不许愁人不起。清露晨流，新桐初引，多少游春意。日高烟敛，更看今日晴未。

自赵明诚去莱州赴任，李清照独留青州，浓郁的离愁和"欲说还休"的心事难以释怀，她写了不少主题相近的词，把心里的想念和忧虑表达得非常细致。这首词题为"春情"，是易安借春愁来抒解压抑心情的作品。

五代词人冯延巳曾写道："谁道闲情抛弃久，每到春来，惆怅还依旧。"俗话说"士悲秋，女伤春"，很早之前，文人就以春花来比喻女子，面对明媚的春色，女性很容易联系到自己的身世，有感而发，所发情思也更易引来共鸣。可惜，能在文学史上留名的女性毕竟只是少数，伤春的主题多由男性作家完成，不过他们也更愿意借助笔下女性角色之口来抒发情怀。借女子之口剖自己心志，虽然经过了认真的揣摩和仔细的打扮，但流露出来的终归还是男子的志向和抱负，难以完全拟出女儿家的细腻和敏感。

　　所以，真正出自女子笔下的春情，往往比男性更加精致，更加丰富。

　　春日如期而至，流向青州的每个角落，城外湖水泛起粼粼的水光，街头巷尾的枯树也涌上了绿意。然而在这座城里，还是有春意都无法抵达的死角——小城的某个角落有座老宅，厚实的木门紧紧闭着，把春天也拦在了外面。

　　这里就是赵明诚和李清照夫妇生活了十余年的地方，是易安甘愿与丈夫身老于此的归来堂。前不久，赵明诚接了朝廷的诏令，到几百里外的莱州赴任去了，易安想随他去，却还是被独自留了下来，守着满屋满架的金石古玩和两人十几年朝夕相对的回忆。

　　庭院萧条，看上去已经多日未打理。快到寒食节，郊外宠柳娇花，本来正是外出游玩的好时候，但词人没有游玩的心情，更何况又有斜风细雨相阻，连天气也无端惹人烦恼！易安独自闷在家中显然已经不止一天两天了，为了消磨时光，索性饮酒作诗。喝酒便要喝醉，赋诗要用险韵，把时间安排得满满当当，才不会再想那些令人伤神的事吧。可是，诗写好了，酒也醒了，心里的苦闷不仅没有得到消解，反而更深。原来抽刀断水、举杯消愁，从来都是痴人的自欺，无济于事。

想给远方的丈夫写封书信，在纸上写了又涂，涂了又写，万千心事终于还是理不出头绪。

于是倚栏远眺，她望向视线尽头，盼着丈夫快些归来，或早日遣人来接自己去和他团聚。独守空闺的日子实在难熬，空闲时间无处打发，也没有知心的人能陪自己说话，就连想睡个懒觉消磨时间也因被冷衾寒不得不又起身。

词人的情绪很消沉，词到这里一直都是感伤、烦恼的氛围，若按照这个轨迹，抑郁到流泪也是正常的情感流露。但是词人画笔一抖，突然就给这首词抹上了鲜艳的亮色。

"清露晨流，新桐初引，多少游春意"，此句之前，语言清丽但调子苦涩，而从此句到篇终，萧索冷寂的气氛变得疏朗明亮，有一种豁然开朗的通畅感。她突然想推开紧闭的宅门，去看看早晨的清露、刚刚萌芽的新桐，只是不知天气会不会成全。虽然此时此刻已经风停雨住，日头爬高烟雨悄敛，但不知明天又是怎样的光景。

结尾两句词境大转，就像词里写的那样"日高烟敛"，之前笼着的雾气一下散尽，呈现出豁达的气象。人们对此评价向来很高，明末清初的才子毛先舒说："词贵开宕，不欲沾滞，忽悲忽喜，乍远乍近，斯为妙耳。"所以这首《念奴娇》结尾突然宕开，"直如行云，舒卷自如"，颇为难得。

这番评价是从词的技巧和词境的多变而言，若反复体会李清照的情感，还是觉得她的心锁并未真正打开，不过是天气的好转带来了一丝明朗和安慰，无可奈何之际，她也只好展眉一笑聊以自慰，即使次日天气果真晴好，她也未必就会出游。这种婉转曲折的闺阁心思，有着切身之感的人才能写得这么动人。

后人对这首词的推崇还源自"宠柳娇花"的妙绝，它常与"绿肥红瘦"一起为人称道。黄升在《花庵词选》中云："前辈尝称易安'绿肥红瘦'为佳句，余谓此篇'宠柳娇花'之语，亦甚奇俊，前此未有能道之者。"这些词语俱意象鲜明且高度凝练，更难得的是，"宠柳娇花"一句还透露了词人内心的渴望。春归之日，绿柳鲜花尚能得到上天的眷顾与恩宠，若柳如花的女子却要独守空闺，得不到丈夫的爱怜和疼惜，怎能不"恼"。植物尚且需要关爱，比它们多情的人当然更离不开情感的滋润。

摧花折柳的斜风细雨，既是自然的风雨，也喻指现实里的不可抗力。唐朝诗人张志和有一首《渔歌子》非常有名。

西塞山前白鹭飞，桃花流水鳜鱼肥。

青箬笠，绿蓑衣，斜风细雨不须归。

高山、流水、白鹭、鳜鱼，红的桃花、青的斗笠、绿的蓑衣，意象清新，色泽鲜明，整个画面宁静但又充满张力。张志和经历了唐朝由盛转衰的过程，弱冠之年就曾向皇帝献策，但安史之乱的冲击以及仕途的尔虞我诈，终于让这位原本积极出仕的才子对政治心灰意懒，甩袖而去，一朝辞官归隐，半世踏出红尘。他的兄长赠诗劝他回来，他只笑言："斜风细雨不须归。"既指雨中垂钓也有怡然自得，更言不会重蹈仕途。这份不慌不忙、不卑不亢的心境，是否也是易安追寻的呢？

在《〈金石录〉后序》里，易安称青州岁月是"屏居乡里"。"屏居"一词本就有归隐、退隐之意，想来他们住在青州时，她是真心盼着一生都能和丈夫厮守乡里，喝喝酒品品茶、读读书谈谈情，无外人插足，无政治缠身。这不是消极的逃避，而是释放的自由，是她真正想要的快乐。可惜赵明诚领了圣旨远任他乡，平静的生活终于还是到了尽头，是不是从丈夫离开青州那天起，她就已经预见了不幸的未来？

　　她盼安稳，总遇波折；盼相聚，常常离分。她盼望的"日高烟敛"，终于还是没来。

第六章

至亲至疏夫妻

夫妻之间，至亲至近可以同生共死，关系疏淡也不过一朝一夕，起初的两情相悦、举案齐眉，可能终究还是会泯灭于柴米油盐的琐碎中。

1. 酒意诗情谁与共

蝶恋花·离情

暖雨晴风初破冻，柳眼梅腮，已觉春心动。

酒意诗情谁与共，泪融残粉花钿重。

乍试夹衫金缕缝，山枕斜欹，枕损钗头凤。

独抱浓愁无好梦，夜阑犹剪灯花弄。

还没领略到这首词的词旨，便有一股轻柔的闺阁气息扑面而来。

词本身其实并不难懂，易安借着文字真挚而婉转地表达了离情和思念，这是她的擅长。情感是熟悉的，但读者和词作之间还是会产生相当大的距离，大抵是词里那些陌生的闺阁物件儿，让人惊觉原来宋朝竟是那么遥远的年代，千年之前与千年之后的差距，看来并不像穿越小说里那样轻易就能跨过。

残粉、花钿、夹衫、金缕、山枕、钗头凤、灯花，这些精致的闺阁物件儿，带来了古典的味道，也带来了浓郁的脂粉气息。

《漱玉词》是清丽的，也是精致的，那些流传千古的名句令人唇齿生香。其中描写到的闺阁饰物，让人有幸看到了千年前女子绣房的边边角角，也多少会造成一些阅读障碍，使人产生疏离感，就像很多第一次读到《醉花阴》的人，关注点常停留在"瑞脑销金兽"一句的含义。

瑞脑金兽、朱樱斗帐，藤床纸帐，瑞脑、沉香，熟水、团茶，宝鸭、髻子……我们知道这些物件定然是美的，却不一定知道它们美在何处，故而对词旨、词境的理解也会打了折扣。本来就没有机会见到实物，又缺乏足够丰富的古典文学阅读经验，很可能在探寻意境的旅程里迷路，就像我们不能指望一位盲人对色彩敏感，也不能期待一位聋哑人对声音产生共鸣。

此外，当这些带着脂粉香泽的意象大量出现时，很容易流俗于浓艳重抹，故而也常常有人就这一点贬损易安词"未能脱尽闺阁气"。《漱玉词》诚有脂粉闺阁风貌不假，但以此衡量其艺术价值，委实显得刻薄了些。

想来李清照虽然在词史上占了一方天地，到底是个女子。她生于闺中，长在绣房，虽然比别人家的小姐多了有限的自由，平时接触到的也只能是闺阁饰物，往来密切的好友也是有限的几位。文字皆由命运出，任何一部伟大的作品，都不能完全脱离作者的身世和阅历，便是虚构的小说，也常常带着作者的影子或他生活的痕迹，更何况是以抒情述志为主的诗词呢？所以也有人说，"要一个古代女子填词脱掉闺阁气而且要'脱尽'，岂不是也太难了一些？"

竭力为易安辩白的人，大多把"脂粉气"视为贬义，其实也不必偏激至此。正是那些旖旎的女儿情怀，华贵尊宠、色泽浓丽，凝成了一股高雅却不香艳的气派。这种气派，是《漱玉词》独有的，不会冲淡词里深沉的感情，反而把她的情感衬得更丰腴、更饱满。

"她的性格很要强，同时女儿态女人味十足。这是李清照的感人处。巾帼不让须眉，却保持芳香袭人的脂粉气，脂粉气又透出自由风骨。"这是作家刘小川笔下的易安，既有侠骨又有柔情也正是我们所爱的。

她有"脂粉气"，还在于她是以女子的眼光打量这个世界。但恰恰是李清照这个闺阁中人，说出的话却不让须眉。

风韵雍容未甚都，尊前甘橘可为奴。谁怜流落江湖上，玉骨冰肌未肯枯。

谁教并蒂连枝摘，醉后明皇倚太真。居士擘开有真意，要吟风味两家新。

这首《瑞鹧鸪》写于早期，题为"双银杏"。银杏风度韵致、仪态雍容，看起来也并没有华丽到奢侈，但还是让樽前的柑橘显得逊色了几分。流落江湖，无人怜惜，但银杏依旧结出了晶莹的白果。

下阕两句最耐寻味："谁教并蒂连枝摘，醉后明皇倚太真。"这两句说的是李隆基和杨玉环，双银杏并蒂相连，就像《开元天宝遗事》里记载的唐明皇酒后倚杨贵妃，携手并肩同看芍药的情景一般。那时候，易安和丈夫也像他们一样，琴瑟和鸣，两心相合。

男人们大多说杨玉环是红颜更是祸水，似乎盛唐势微这女人倒要承担大半的责任，对其大肆口诛笔伐，毫不留情。对于那段历史，李清照曾在与"苏门四学士"之一张耒的诗词唱和中做出尖锐的剖析，但她不仅看到了那段历史的荒唐和罪恶，也以一个女人的敏感看到了杨玉环的爱与伤。

不论是豪放，还是婉转，都源自女子内心的柔韧和清冽。李清照这个人，活得洒脱、不拖沓，虽然她的词作不乏小女儿的旖旎情怀，也有思妇的春怨秋恨冬感伤，形式也用得婉曲，内里却都是痛快淋漓的欢喜悲愁。

　　"纤手不让巨手，蜂腰压倒熊腰，倩影起舞须眉瞠目"，这就是从闺阁里走出来还带着脂粉气的李易安，不知是否曾令当世男子汗颜。

2. 至亲至疏夫妻

点绛唇·闺思

寂寞深闺，柔肠一寸愁千缕。惜春春去，几点催花雨。

倚遍阑干，只是无情绪。人何处，连天芳草，望断归来路。

若说赵明诚是个薄情寡性、喜新厌旧的人，倒也未必见得。他和李清照的婚姻虽经了父母之命媒妁之言，毕竟还有互相欣赏、倾慕的前缘，又有志趣相投、琴瑟和鸣的后事，他自己曾经说过，易安之于他，"亦师、亦友、亦妻房"。

这样的爱情，显然比以相貌、家世、钱财为纽带的更牢固一些。即使赵明诚确曾纳妾，或时而流连于楚馆秦楼，以致让李清照有了"婕妤之悲"，也不能就此断定赵明诚不再爱她了。风月里的事情，逢场作戏者多，真真假假，假假真真，当事人也未必分得清楚；但有了家庭的牵扯，亲情的勾连，真心总要比假意多上几分。

易安的词里虽然多有怨尤，不过从其他文字资料来看，她与赵明诚的感情还是很深厚的。相守的二十八年里有很多美好的记忆，除了新婚时的情意绵绵，青州时期尤为幸福，这些被易安集中记录在《〈金石录〉后序》里。

> 后屏居乡里十年，仰取俯拾，衣食有余。连守两郡，竭其俸入以事铅椠。每获一书，即同共勘校，整集签题。得书画彝鼎，亦摩玩舒卷，指摘疵病，夜尽一烛为率。故能纸札精致，字画完整，冠诸收书家。余性偶强记，每饭罢，坐归来堂烹茶，指堆积书史，言某事在某书某卷第几叶第几行，以中否角胜负，为饮茶先后。中即举杯大笑，至茶倾覆怀中，反不得饮而起。甘心老是乡矣！故虽处忧患困穷，而志不屈。

《金石录》是一部关于金石收藏的学术著述，是他们夫妻二人半世的心血结晶。对文物共同的兴趣，让这个收集整理的过程充满喜悦；又因合作者是心意相通的伴侣，过程中又漾满温馨。李清照写下这篇《后序》时，赵明诚去世已有六载，不知她是怀着怎样的心思，回忆这段难得的灵魂有所依赖有所归属的时期，让人既感甜蜜又觉心酸。

《漱玉词》中作于青州的作品极少，这也基本吻合"国家不幸诗家幸，赋到沧桑句便工""诗穷而后工"的文学规律。安定的青州生活一旦被打破，词人的不安情绪瞬间被激发，是以成词，声声句句都是断肠之念。

"寂寞"是心情，"深闺"是场景，此情此景下，心灵的小小的空间完全被千缕愁绪占据。本以为能靠赏花来慰藉寂寥的心事，却又有淅淅沥沥的春雨催落春红。

易安词里出现过多次倚栏凭眺的场景，每次都是在盼着那个人的归来。"人何处"？这是一个有问无答也无须作答的布局。赵明诚此时身在何处她自然知晓，只不过可能因为归期渺渺或相思太盛，她不知不觉就发出了感叹：此时此刻，你究竟身在何方，在做什么，什么时候回来？为什么我望到尽头，只见连天芳草，却看不到你归来的身影？

唐宋诗人玩弄起文字就如御笔而飞，游刃有余，易安自是个中翘楚，通篇未用一处典故，也未着辞藻雕饰，只作浅浅白描，就把微妙的闺愁写得通透，让人一下子就感受到了她的思念之深，盼归心切。

以审美的方式亲近易安时，常常会被她的情深打动。但也有人说，易安把相思、愁绪挂在嘴边的频率太高了，说得太多，让人第一次惊艳，第二次唏嘘，第三次感叹，第四次"啧啧"一声，不知该作何反应……就像每天要喝的一杯白水，因为太熟悉，反而没了滋味。

这种论调虽然缺了浪漫的诗意，也不无道理，倒不是说易安的相思词是无病呻吟，而是怕她的心意得不到相等的珍惜。旁人如何看待并不重要，就怕赵明诚听过太多次"我想你"，反而心不在焉，浪费了她的深情。

太容易得到的东西，反而不易被珍惜，世人都惊艳于昙花的一现，又有几人肯为路边绽放的野花驻足？

关于这点，唐朝也有位诗名在外的李姓才女，要比易安看得透彻。

《唐才子传》记载，李季兰六岁时，父亲让她以蔷薇为题作诗，她略作思量便落笔成行，其中有这样两句："经时未架却，心绪乱纵横。"因"架"与"嫁"谐音，李父大惊，女儿小小年纪便有思春之念，长大后还了得？"此女聪黠非常，恐为失行妇人"。于是他把女儿送入玉真观出家，望其能在清静之地收心敛性。

六岁幼女连男女有别都未必懂得，又怎会有恨嫁之心？故事实在有悖常情，恐怕是因她后世经历太过香艳，人们才附会并深信这样的前缘。

可惜，李季兰到底还是让父亲失望了。她是个道姑，却是个风流的道姑；她是个才女，且是个多情的才女。与她有过感情纠葛的，都是历史上响当当的人物：名士朱放、茶圣陆羽、诗僧皎然，连唐玄宗都听闻她的诗名与风情，邀她到京城一见。

她对爱情悟得透彻，也就待之淡泊，会对多人动情，就不会因一桩情伤心。她比李清照看得明白，也想得开。

> 至近至远东西，至深至浅清溪。
> 至高至明日月，至亲至疏夫妻。
>
> ——李季兰《八至》

之前的"六至"只是铺垫，她想说的就是，夫妻之间，至亲至近可以同生共死，关系疏淡也不过一朝一夕，起初的两情相悦、举案齐眉，可能终究还是会泯灭于柴米油盐的琐碎中。这样的感情，她宁肯不要。所以她肆意纵情，宁惹桃花债不沾夫妻缘。

李清照比李季兰重情，也一辈子比她伤情。感情这回事，从来不是一比一的付出和回报，真是没有道理可讲。但洒脱的李季兰应该也有惆怅，她一生辗转应酬了很多男人，却没有一个能收留她的灵魂。拒绝体会爱情的"至疏"，就等于放弃了拥有"至亲"的机会。不像李易安，虽然伤过心流过泪，但到底有过一份认真执着，就有一世寄托。

她们同是文学史上的奇女子，但在感情路上，李季兰仍是传奇，李清照只是个俗人。至于她们谁活得更幸福些，就是仁者见仁智者见智了。

3. 山高水远，斯人何在

蝶恋花·晚止昌乐馆寄姊妹

泪湿罗衣脂粉满，四叠阳关，唱到千千遍。

人道山长山又断，潇潇微雨闻孤馆。

惜别伤离方寸乱，忘了临行，酒盏深和浅。

好把音书凭过雁，东莱不似蓬莱远。

宣和三年（1121）七八月之交，李清照离开青州，赴莱州与赵明诚团聚。途中夜宿昌乐县时，她写了一首《蝶恋花》，寄送给在青州陪伴她多年的女伴。

此时此刻，她不仅人在青州、莱州之间，心也在两地之间徘徊，一会儿怀念青州的知心姊妹，一会儿想念阔别已久的丈夫。贪恋青州的安逸，又受不了相思的折磨；恨不得立刻到达丈夫身边，又对未来的生活感到莫名的担忧，在这种复杂的心情下，她写了这首《蝶恋花》。

离别是在泪水和歌声之中开始的。还记得临行前姐妹们前来送别的场景，这一次分别不知何时再能相见，姊妹几人拉着手互相倾诉不舍之情，说着说着眼泪就扑簌簌地落了下来。强作欢颜，可绫罗衣衫却还是被泪水打湿了，就连脸上的脂粉妆容也被毁得乱糟糟的。不知是谁唱起了《阳关三叠》，一遍又一遍，一遍比一遍动情，一遍比一遍伤心。

渭城朝雨浥轻尘，客舍青青柳色新。

劝君更尽一杯酒，西出阳关无故人。

——王维《送元二使安西》

临别叮咛，才知情深义重；远行依依，倍觉相聚不易。昔日王维与友人折柳送别时，是否也有这样的黯然神伤？歌声犹在耳畔，人已过青州百里。独身夜宿昌乐的驿馆，听着潇潇夜雨敲打窗棂的声音，想着这一路山长水远，不禁愁肠百结。

这是件让人伤心到失了分寸的事情。临走之前，姐妹们纷纷劝酒，杯中除了分别的苦涩，还倾注着她们千言万语的嘱咐，一杯一杯饮下，最后竟不知喝了多少。

真是糟糕！人还未到莱州，已经开始思念旧地的朋友。无可奈何之下，只好自我宽慰并宽慰姊妹："好把音书凭过雁，东莱不似蓬莱远。"我此去莱州，不像蓬莱仙岛那样遥远、缥缈，你们可千万不要忘记托鸿雁与我传信哪！

对这首词，后人向来有"若九曲湘流，一波三折"之赞。《济南名士丛书·李清照全集评论》中曾这样评价：

> 在时间上，作者从过去（临行）写到现在（孤馆）；由现在（孤馆）又折回写到过去（临行）；又从过去（临行）设想将来（青州莱州间的书信）。在空间上，作者从青州写到征途；又从征途写到昌乐；从昌乐又折回写到青州；从青州折进写到莱州、蓬莱。

时空上的转换变迁，将回忆里的伤情和现实中的孤景串在一起，纯熟的技巧背后，还隐藏着词人内心莫大的不确定感。

易安此行的目的是与丈夫团聚。这一刻明明是她期待已久的，但她并未对此表现出明显的欢欣，倒是有极为突兀的不安情绪。对相伴十年的姊妹们的不舍之情尚能理解，但她对未来的惴惴和忐忑又该如何解读？

我们不如先来推敲一下促成易安此行的因素：或是赵明诚来了书信催她到莱州相聚，或是她在姐妹们的提议和鼓励下主动前往。若是前者，李清照当"载欣载奔"才是，喜悦和憧憬应该明显盖过难过之情的风头，可是，从她到莱州之后遭到的冷遇里，可以想见她很可能是在赵明诚不知情或未授意的情况下，擅自决定了这次"山长山又断"的出行。

山高水远怕什么？她想他，而且要见他！所以，她就这样上路了。

是年八月初十，她终于抵达莱州，到了丈夫的府邸。只一个瞬间，所有鲜丽的憧憬都落了空，灰色的隐忧反而都成了真。她"独坐一室，平生所见，皆不在目前。几上有《礼韵》，因信手开之，约以所开为韵作诗。偶得'子'字，因以为韵，做《感怀》诗"。

> 寒窗败几无书史，公路可怜合至此。
> 青州从事孔方兄，终日纷纷喜生事。
> 作诗谢绝聊闭门，燕寝凝香有佳思。
> 静中吾乃得至交，乌有先生子虚子。

不是新婚小别，想来她自己也未敢奢望盛大而浪漫的欢迎场面。甚至，她可能是"不受欢迎"的，她连老夫老妻久别重逢时该有的温馨都没感受到，就被安置到了"寒窗败几"的房间。面对这兜头浇来的冷水，连后人也忍不住替她惴惴：这是莱州赵府的冷宫吗？

"公路"是汉末袁术的字，他兵败末路时，军中只剩下三十斛麦屑。正是六月盛夏时节，病重的袁术想饮蜜浆解渴，无奈军中无蜜，他沉默良久，绝望地长叹一声："袁术至于此乎！"之后呕血而亡。李清照用这个典故描述了此时她所居之地的极其简陋，虽然不无夸张，但却刻画出了她失落到唯有自嘲才能排解郁闷心情的状态。

赵明诚会如此待她，一来可能确是因为他上任不久，没有多少家当可以布置；二来也足见他对易安的到来没有表示出多少热情。物质的简陋和空虚并不可怕，只消一句温暖的问候和甜蜜的爱语就可以让对方开心起来，但他吝啬到连这样的安慰都不肯给，只告诉易安："青州从事孔方兄，终日纷纷喜生事。"

"公门百事缠身，我不得不去奔波应付，就不陪你了。"这是赵明诚对她的解释，也是她关于自己"独坐一室"的解释。这样的说法，她自己都不相信，又怎么能期

144

待旁人信服？她想给赵明诚对自己的疏远找一个好的理由，无奈这干巴巴的借口合理却不合情。她不忍点破，怕自己心痛。

没有书本可以阅读，也没有金石可以把玩，于是她在房中静静地赋诗写词聊以解闷。她不想也不肯再去纠缠似有疏远之意的丈夫。就这样在与诗词歌赋的对话中觅得知音，已有子虚先生和乌有先生结为至交，又何必期待那个人回家相伴呢？"乌有先生"和"子虚子"出自西汉司马相如《子虚赋》，都是虚构的不存在的人物。以上，不过是李清照自欺欺人的臆想罢了。

这阶段，赵明诚与李清照的感情确实出现了问题。她不辞辛苦，一心一意想要追随丈夫左右，不怕"人道山长山又断"地奔来了。只是，站在她面前的那个略显冷淡的人，真的是有偕老之约的良人吗？未到莱州时饱尝相思苦，那时候，思念越近天涯越远，只觉得莱州杳杳难以企及；今终于团聚，却越近越远，只能恪守在词阕里，邀时间同老。

4. 易安倜傥，有丈夫气

新荷叶（薄雾初零）

薄雾初零，常宵共、永昼分停。绕水楼台，
高耸万丈蓬瀛。芝兰为寿，相辉映，簪笏盈庭。
花柔玉净，捧觞别有娉婷。

鹤瘦松青，精神与、秋月争明。德行文章，
素驰日下声名。东山高蹈，虽卿相、不足为荣。
安石须起，要苏天下苍生。

易安的词大多冷清素淡，人却是极为火热的，热肠人
作冷语，更是别有怀抱。

便是因为融在血液里的热情，在一众婉约词人行列
里，在千红百媚的才女芳群中，才显得她是那样的与众

不同。只是她的冷清我们见得多了，导致她偶尔迸发的热情，常常被人忽略。

这首贺寿词里就凝聚着一股欲喷薄而出的火热情绪。"难莫难于寿词，倘尽言富贵则尘俗，尽言功名则谀佞，尽言神仙则迂阔虚诞，当总此三者而为之，无俗忌之辞，不失其寿可也。"宋代的张炎在《词源》中道出了写寿词的难处，听多了"福如东海、寿比南山"的旧话，只觉得那些祝寿的诗词联话都大同小异。然李易安却能独辟蹊径，一首《新荷叶》不落窠臼，贵在立意之深之远。

本意是为隐而不仕的寿者贺寿，一曲唱罢，她稍不留意就道出了心里的愿景——"安石须起，要苏天下苍生"，尽显易安婉约之外的风流和豪情。

关于这首词的寿主，素有争议，有人说是晁补之，有人说是朱敦儒，这两位都是当世名士，享有盛望，都有过归隐乡野的经历，其为布衣时却有"朝野之望"。故而，后人的两种推论各有依据，既然难有定论，不如对易安写作此词的良苦用心多做揣摩。

薄雾初降、昼夜等分是秋分节气的征兆，为了给在这天过生日的友人庆祝，李清照早早出门前来赴宴，只见庭院里楼台耸立、绿水环绕，远远看上去就像仙气缭绕的蓬莱、瀛洲，大有富贵长寿之象。来拜寿的亲朋子弟手捧芝兰，熙熙攘攘，簪笏辉映；又有花柔玉洁的侍女捧酒待客，穿梭于宾客之间，别有一番妖娆景致。

李清照落笔先写时间地点、场景氛围，上阕写完还未见主人出场，但从筵席景况的盛大、宾客身份的尊贵已经可以想见寿主的声望、地位之尊崇，这种烘云托月的写法既避免落入写寿词多从寿主起笔的惯用套式，又让人对尚未露面的主人公添了好奇。

下阕，词人一改在上阕中的委婉含蓄，开始直接进行颂扬：愿您的风骨如鹤之劲瘦、松之长青，愿您精神矍铄，与秋月争辉，愿您的德行文章，一如既往地扬名京都。想那晋朝的谢安，虽然隐居东山暂未出仕，却也名扬四海，就连朝中王侯将相也没有几人能与他比肩。而您就是本朝的谢安，唯愿您能出仕任官，救助天下黎民百姓！

通篇百余字，各有侧重。但尾句一出，便知千言万语都是为这一句所做的铺垫。

关于谢安这个人，淝水之战以少胜多可谓他人生的鼎盛，便是这位千古风流人物，也有过隐而不仕的年少时光。他自少名动天下，得到众多名士推崇，由此被举荐而平步青云该是理所当然的事情，但他当时无意仕途，隐居在会稽郡的东山，常年盘桓其间不问时局，只与文人雅士赋诗作画，且屡诏不仕。时人因此感慨："安石不肯出，将如苍生何！"谢安不肯做官，却让天下百姓如何是好？

谢安不仕则已，待他二十年后"东山再起"，一出手便震惊四野，此后数年经营，更是把谢氏家族的地位权势推至登峰造极。学者沈金浩有评曰："既要显赫，又要清雅；既要权势，又要飘逸；既要富有，又要自由；既要精神，又要肉体；既要当世，又要青史。"这样一个谢安，自然令人羡慕不已，后世的咏谢诗词大多寄寓着个人的理想。

易安这首词也是如此，不过她的愿望更加纯粹，却也更难实现——不为一己私欲，只为天下苍生；不求未来显达，但求现世安稳。故而，她希望寿主，也就是本朝的谢安能够以民生为重，复出做官，力挽狂澜。

《新荷叶》词旨深远豪迈，但语言清丽、风格典雅，这便让人想到了后人对李易安的两条迥然不同却都有颇多附议的评语。

清初韵学家沈谦在《填词杂说》中说道："男中李后主，女中李易安，极是当行本色。"所谓"当行"，意指婉约清丽才是婉约词派的本色。到了晚清，沈曾植又在《菌阁琐谈》这样评价："易安倜傥有丈夫气，乃闺阁中之苏、辛，非秦、柳也。"后主与苏、辛，同是词家大宗又泾渭分明，然而李清照——这绿叶丛中的一点娇红，偏偏和他们都有相似。

两位学者对李清照的赞誉各有偏重，大抵受到些时局的影响：清初政治经济渐渐趋于稳定，文人有更多精力关注诗词的技巧、语言；到了清末，时代需要"偶傥有丈夫气"的英雄，学者关注的焦点也就倾向于作品所蕴之"气"。

只恨二李未能相见。假若李煜遇到李清照，绝妙之文辞、旷古之悲愁相互碰撞，或许能撞出词史上又一个无比绚烂的巅峰。又叹易安身为女子，若她有个男儿身，定然不会在书斋里凄凄婉婉地度过余生，或像东坡一样为报倾城，致力于经世济民、辅君治国；或像稼轩以气节自负，醉里挑灯看剑，以功业自许，沙场秣马厉兵。

隔着一个王朝的起落兴衰，两位同姓学者沿着相异的方向勾勒，曲线相扣，恰好把李清照解读得更加圆融丰满。她的才气堪与词帝李煜比肩，又有和苏、辛并举的偶傥，儿女情长的爱怨掩不住忧国忧民的士大夫风范。

自古以来，文人的抗争多付诸文字才得以实现。与其他不得志的文人相比，李清照更加尴尬，除了以笔代刀，她再也寻不到其他途径抒发心怀天下苍生的志向。

这首词或许是易安本人对济世的渴望，无奈她身为女子，只能后退一步，转而召唤英雄。她的情绪爆发，像火一样炽烈，却屡屡遭遇现实的寒冰，表层的冰融化成水，复又把火浇灭，到最后，再热情的人也只能心灰意冷。

第七章

梦远不成归

这一年，她在江宁，距离宋高宗的朝堂很近，
那是南宋的心脏，有她最该期待、最该相信
的一群人，可是，那又像是这个国家最遥远、
最陌生的地方。

1. 踏尽红尘，何处是吾乡

蝶恋花·上巳召亲族

永夜恹恹欢意少，空梦长安，认取长安道。

为报今年春色好，花光月影宜相照。

随意杯盘虽草草，酒美梅酸，恰称人怀抱。

醉里插花花莫笑，可怜春似人将老。

自宣和三年到达莱州之后，又到1125年易安随赵明诚到淄州上任，或许是赵明诚终于被她的深情感动，或许是共同整理金石古玩的默契唤回了旧日的情意，他们夫妻的关系从疏远渐渐又恢复了从前的亲密。

清人缪荃孙所著的《云自在龛随笔》里记录了一则赵明诚书唐白居易书《楞严经》跋：

淄川邢氏之村，邱地平弥，水林晶淯，墙麓碗
确布错，疑有隐君子居焉。问之，兹一村皆邢姓，
而邢君有嘉，故潭长，好礼，遂造其庐，院中繁花
正发。主人出接，不厌余为兹州守，而重余有素心
之馨也。夏首后相经过，遂出乐天所书《楞严经》
相示。因上马疾驱归，与细君共赏。时已二鼓下
矣，酒渴甚，烹小龙团，相对展玩，狂喜不支。两
见烛跋，犹不欲寐，便下笔为之记。

　　赵明诚于偶然机会得到白居易手书的《楞严经》，第
一时间便策马疾驰归家，和李清照分享这份惊喜。他们夫
妻二人一边展玩古卷一边饮酒品茶，直到二更天，蜡烛都
燃尽了两支，依然毫无困意。易安心里是否会因旧日被疏
远而留下伤痕，外人不得而知，但从这件事不难看出，此
前的嫌隙正悄悄弥合，易安又得到了短暂的安稳生活。

　　可叹，这份安稳果然短暂。就在易安和德甫缓慢修补
家庭裂痕的同时，国家却陷入了分崩离析的颓败境地。

　　1125年，金人灭了辽国，北宋成了他们的眼中钉、肉中
刺。挟灭辽之威，金人以迅雷不及掩耳之势席卷南下。城
门失火尚且殃及池鱼，覆巢之下又安有完卵？国家被卷入

战祸，个人的家庭又怎会不受影响。就在赵明诚夫妻为未来忧心忡忡时，屋漏又逢连阴雨，1127年三月，赵明诚的母亲在江宁病逝，遵照古制，他必须到江宁奔丧。

这是赵明诚与李清照的又一次分别，赵明诚赴江宁奔丧，李清照或回青州或留淄州整理所藏文物，以转移到安全的地方。

赵明诚到江宁不久，金兵的铁骑就闯进了都城东京，北宋宣告灭亡，徽钦二帝被俘，是为"靖康之耻"。同年，康王赵构在南京登基，后迁都临安，恢复国号，史称"南宋"。这一切都令人猝不及防，都城被占、国君被俘、国家灭亡，每一件都是石破天惊的大事，暴风骤雨般席卷而来，反倒让人目瞪口呆来不及做出反应。

是年八月，由于朝廷在用人之际，赵明诚不必践"丁忧"之责，被任命为江宁知府。又过几月，李清照携历尽艰辛得以保存的部分文物赶来江宁，与赵明诚团聚。

青州的很多文物毁于兵变的战火，这是他们的遗憾，但能在战乱中侥幸相守，又不得不感激命运的垂怜。这次分别只有短短数月，对于他夫妻二人来说却有万千滋味，既有劫后重生的喜悦，还有对未来的巨大迷茫。

避难江宁后稍作喘息，赵府在上巳节设家宴招待了来江南避难的众多族人。面对旧友故人，想到故国故乡，李清照悲从中来，写下了这首《蝶恋花》，念国、怀乡、伤老之情尽在其中，字字带血啼泪。

初到江宁，易安还有过短暂的如释重负的快乐，然而，死里逃生的喜悦很快就被国破家亡的漂泊感取代。屡屡梦回故都，看到故国宫阙城池的旧时模样，醒来后徒留一枕湿凉。今年的春色还和往年一样，花光月影依旧美好，却无心欣赏。又逢上巳佳节，不能像往年一样曲水流觞、临水饮宴，只在家中随意设宴草草度过，酸梅酿酒，正趁了辛酸的怀抱。神伤饮酒容易喝醉，易安怕自己醉后会有不妥言行，似解释又似自嘲地念叨着："倘若我喝醉后误把花枝簪到头上，诸位请千万不要嘲笑我这年老的妇人。"

那年，李清照不过四十过半，虽不是青春红颜，也非白发老妪。无奈，随着国家倾塌扬起的遮天尘埃，她的心瞬间苍老。她在爱情中成熟，又随时代的脉搏衰老。但她本人所具有的人格魅力，却是在南渡之后迅速绽放。

南渡以前，李清照虽然偶尔也作述怀言志的词，但大多是以爱情为主题。她的自信和倔强，她的忠贞和坚定，在前期作品都有所体现。但如果单单只是沉溺于爱情的患得患失，她就不是惹人怜更让人敬的易安居士了。南渡之后，易安的词里仍有旖旎的男女情爱，待后来赵明诚去世之后，也屡见悲痛至极的悼亡词。但此时她的视野已经更为开阔，风格也更显沉郁沧桑，多多少少地都掺杂着对故土故国的怀念，对收复失地的渴望。

这些作品几乎没有正面描写过战乱给这个民族带来的灾难和创伤，除一首《乌江》外，也较少对英雄主义的直接呼唤。她把民族危亡、山河破碎带来的属于时代的大悲伤，和家散夫亡、流离失所的个人遭遇结合在一起，用婉转的方式表达出来，虽然没有直接的控诉、凛冽的呼喊，却把刻骨之伤抒发得淋漓尽致。

爱国，是《漱玉词》里与爱情并重的主题，也是令她人生更显丰富、厚重的关键。惆怅于感情的迷惘，又不忘家国之思，世间有几个女子能似李清照这般柔情似水，又有大义如山。

2. 不悔梦归处，只恨太匆匆

诉衷情（夜来沉醉卸妆迟）

夜来沉醉卸妆迟，梅萼插残枝。酒醒熏破春睡，梦远不成归。

人悄悄，月依依，翠帘垂。更接残蕊，更捻余香，更得些时。

易安极爱梅花，这一刻却做了怨梅之语："酒醒熏破春睡。"梅香太浓，竟把酒后沉睡的人都给熏醒了！对于爱花人来说，花香四溢是乐事一桩，但易安不喜反恼，是因为她的美梦被惊扰到了。什么样的梦让她如此沉迷，甚至迁怒于顺自然时节而绽放的梅花？

"梦远不成归"，那阔别已久的故土，就连在梦中也回不去了。

因美梦被扰而迁怒其他的女子，在易安之前也有一位。

> 打起黄莺儿，莫教枝上啼。
>
> 啼时惊妾梦，不得到辽西。

这位少妇是唐朝诗人金昌绪《春怨》中的主人公。印象中，唐朝的少妇多是雍容的、典雅的，然诗里这位大早上起来就向着枝头啼叫的黄莺投石轻嗔，未免太煞风景。诗人一句一意，逻辑清晰地把人代入了他要讲的故事："打莺"是为了让它莫啼，不让莺啼是因它惊了"妾梦"，什么梦这么重要，让人这般不舍？

"不得到辽西。"原来这少妇是盼着梦到辽西，见一见出征在外的丈夫。或许前一刻她已经见到了猎猎的旗帜、铮铮的金戈，丈夫模糊的身影就在不远处，她又悲又喜，正欲呼唤对方却被莺啼惊醒，梦里的边塞瞬间烟消云散，难怪她会恼怒不已。

她和易安的情状有八分相似，剩下两分差异源自梦境的归处不同。她为的是情，所以钗横鬓乱、眼角生嗔也别有韵味，更富风情；易安为的是家国，于是醉意微醺、梅妆不整便显得人也憔悴，魂也潦倒。和儿女私情相比，家国之痛毕竟还是庞大的、庄严的、沉重的。

这次午夜梦回，易安到了汴京。那里有喧闹的都市，还有逼仄的弄堂，茶楼、酒肆、戏馆、当铺、驿馆、庙宇，鳞次栉比。街道上有男女老少穿梭其中，有叫卖的小贩、算命的相士，有骑马的官吏、观景的士绅，窈窕的少妇挽着丫鬟走进了绸缎庄、胭脂铺，摇扇的书生在文玩字画店前流连不去，三两成群的幼童扮着鬼脸、奔跑嬉闹……那些情、景、人，竟然全都历历在目！忍不住伸手触摸却被花香扰醒，这才知道，美梦不能成真，真是世上最恶毒的诅咒。

屏居青州时，她很少想到汴京。那时候，汴京于她只是一个冷冰冰的政治符号，无论是用来掩饰末世悲哀的歌舞升平，还是其乐融融背后的权力倾轧，都是她所不屑且憎恶的。但不管自己有多少牢骚多少不满，都绝对不能容忍外族的侮辱和侵略，自己的恨是为了改变，外族的入侵则是为了毁灭，所谓"爱国"本来就是偏执的、自私的。某天一个转身，昔日厌恶的国土已经被践踏于他人脚下，易安陡然觉得心都被掏空了。原来，那座没有温度的城市，竟和自己的血肉连在一起，失去它，就好像失去了生命中珍贵的部分。

所以，来到江宁之后，李清照最怀念的不是让她感到温暖、得到休憩的青州，而是昔日她一度想要避开的汴京——那座城市虽然冷漠，却唯有它才能代表故土故国。

这样的念想，被她表白得清浅，就像为消遣时光揉搓残梅一样毫无刻意为之的痕迹；这样的念想，实则沉重，看那些国破家亡后怒发冲冠的将士，就知无家可归是怎样的残忍。

这份沉重，压在男子的肩头尚且会让人脚步踉跄，但有些女儿却能在如此重负下努力站得挺拔，想起她们，直让人不由得也想挺直腰杆。是以，乱世出英雄勇士，也有红颜飘零，这其中，有一种是英雄式的红颜。

明末清初，有女柳如是，幼时沦落风尘，后从良嫁给江左文坛盟主、朝廷重臣钱谦益。

弘光二年（1645）五月，清军打到南京城外。弘光帝狼狈逃命，几十万守军闻风丧胆。柳如是梳罢发髻理好裙裳，对钱谦益说："是宜取义全大节，以副盛名！莫若投湖，你殉国，我殉夫。"

两人来到湖边，恰好皓月当空，照得湖水碧绿莹澈。钱谦益探手试了试水温："水太冷，不宜投湖。"

于是，柳如是自己跳了下去。

背负下等身份，却有上等人格，她被人所救，殉国未遂。但只决绝的一瞬，已足够让道貌岸然的君子、满口复国宣言的壮士汗颜。

数百年后，有国学大师陈寅恪穷数十载心血，为柳如是——这个古代的青楼女子，著书立传唯颂红妆。料想若她泉下有知，当会粲然一笑。可是，后人对柳如是有再多溢美，恐怕也难消解她投湖时的失望和尴尬，就像赵明诚缒城宵遁的羞耻，始终令李清照如鲠在喉，难以释怀。

> 御营统制官王亦，将京军驻江宁，谋为变，
> 以夜纵火为信，江东转运副使、直徽猷阁李谟觇
> 知之，驰告，守臣秘阁修撰赵明诚，已被命移湖
> 州，弗听。谟饬兵将，率所部团民兵伏涂巷中，
> 栅其隘。夜半，天庆观火，诸军噪而出，亦至，
> 不得入，遂斧南门而去。迟明，访明诚，则与通
> 判毋丘绛、观察推官汤允恭缒城宵遁矣。

当时，御营统制官王亦谋划兵变，意取江宁，被江东转运副使李谟得知。李谟把这件事报给江宁知府赵明诚。恰巧，赵明诚收到了赴任湖州的调令。在身份上他已不是江宁知府，于是他以此为借口对王亦谋反之事置之不理。当江宁官卒积极布防，将乱兵阻于城外时，赵明诚却趁着

夜色，从城墙缒绳而下，逃命去了。

王亦闹出的一场虚惊，让赵明诚临阵脱逃的丑态昭著天下。他被罢官免职，这件事也被记入《建炎以来系年要录》《续资治通鉴》等史籍，蒙羞千古。

李清照对这件事未做出明确的表态，与其说是对至亲之人的无原则包容，不如说是心灰意冷的悲伤。建炎三年，她和丢了官职的丈夫一起离开金陵，船行至乌江，对着浩浩江水，易安写下了千古名句：

　　生当作人杰，死亦为鬼雄。
　　至今思项羽，不肯过江东。

江水呜咽，楚歌又起，她要说的话，大概都在这首诗里了。

3. 被乱世辜负，也被乱世打磨

菩萨蛮（归鸿声断残云碧）

归鸿声断残云碧，背窗雪落炉烟直。烛底凤
钗明，钗头人胜轻。

角声催晓漏，曙色回牛斗。春意看花难，西
风留旧寒。

广袤的天空有归鸿飞过，又有浮云止歇，李清照不觉
想起故里、生了乡愁。正是春寒料峭的时候，她靠在窗前
看着室外残雪飘飞，屋内的火炉似乎给她带来了些许暖
意。不知不觉天色暗了下来，烛火映衬下，发髻上的凤钗
闪闪发亮。这些温暖而美好的小物什让她心情略有好转。
但快乐和安定似乎总是和她无缘，这一晚，李清照辗转反

侧彻夜未眠，直到天色放亮，牛斗星隐去。

她不懂营帐里的运筹帷幄，也不懂朝堂上的官样文章。她只知道：军中的号角声响了一夜，应该是军事吃紧，江宁危急。可能，又要开始逃亡了吧。上一次直面战事是在青州，"金人陷青州，凡所谓十余屋者，已皆为煨烬矣。"她和赵明诚十几年来辛辛苦苦收藏的文物，多半毁于战火，易安侥幸逃出，心有余悸。

人说易安的词太苦太凉，她也不想这样。她在苦难的日子里视美好如珍宝，在生命的夹缝里努力向上生长，反抗了争取了努力了，无奈现实提供给她的给养实在不多。

倘若说易安对宋室又爱又恨，那她对生命的态度绝对是虔诚的热爱。当年那个摇桨争渡的少女，虽然因为岁月蹉跎白了黑发，骨子里依然对美和好的东西充满期待，那些平常物件儿、平凡生活就可以让她喜不自胜。

正月初七是人日节，每到这天古代的女子会剪彩纸或把金箔镂刻为人形，贴在屏风或戴在发上，称为"人胜"，以讨吉利。虽逢乱世，李清照也没有忘记这个习俗，也可能是她此时对所谓"吉利"有空前强烈的向往。在昏黄的烛火摇曳下，凤钗人胜熠熠生光，她大概有过一时的恍惚，是想到了和闺中姐妹剪彩纸、裁丝帛的旧事，还是想起了丈夫替她簪在发间的一只金钗？她那一瞬间露出的满足的微笑，真真让人心酸。

只能说，是时代辜负了她。

活在乱世，是少数人的幸运，大多数人的不幸。人说"乱世出英雄"，须知英雄终是少数，他们身后不知有多少无名之人以累累白骨铸起河山，又有多少无辜之人理想破灭，甚至家毁人亡。对未来的美好想象，瞬间被残酷的现实击得粉碎，换作了谁，都不能不悲伤，也不能不愤怒。

生逢乱世，若是个文人，就难免带些悲剧色彩。

是以乱世中的文人，若不能躲进书斋当个装聋作哑的隐士，又不能放浪形骸做个自由的浪子，就只能以伤心为食粮、以愤怒为家当。然而他们之中的大多数，粮尽水绝、倾家荡产终不能力挽狂澜。

隐是一种态度，浪是一种姿势。前者独善其身、求人格完整；后者放荡不羁，从欲望求本真。但他们心里，是不是都有理想入了坟墓的无可奈何？想起英国诗人拜伦的诗句："我不愿用我自由的思想，来交换国王的权杖。"于是他们为了自由，或隐于山、隐于市，或游走在花街柳巷、秦楼楚馆，没有人知道，他们是不是得到了真正的自由。

第三种人，最傻、最痴、最累、最痛，我们嘲笑他们

"想不开"，又深知他们是那个时代最不能缺少的部分。历史证明，文人确实孱弱，怒发冲冠也未必有缚鸡之力，乱世的终结者多是将才武夫。但不能否定，他们的伤心和愤怒都是有价值的，以至千年之后再读杜甫的诗、陆游的词，依然有人痛哭流涕、拍案而起。隐士与浪子，日子过给自己；第三种人的伤心，是整个时代的伤心。

生逢乱世，若是个女子，就难免带些传奇色彩。

女人天生是柔弱的、娴雅的，缺乏自保的能力。一朝被卷入乱世风云，有的成了时代的殉葬者，有的成了男人的战利品，或悲壮地死，或屈辱地活，都为那些混乱不堪的时代添上了一抹惊心动魄的色彩。

和政治靠得太近，就有更激烈的愤怒，也有更深婉的无奈，像虞姬一样干干脆脆殉了情，未尝不是聪明的选择；像花蕊夫人，戴着曲意承欢的面具，揣着亡国亡夫的伤心，最后仍然不得善终。死，很难，活下去，仍然很难。若能给自己定一条只想家事不念国事的规矩，只须受些颠沛流离的身体上的辛苦。但有些女子天生就心存大义，国家国家，国已不国，何以为家？故而，她们又比旁的女子多了一份"心苦"。

生逢乱世，是个文人，且是个伤心而愤怒的文人；是个女人，又是个懂大义的女人。

这就是李易安，与安逸无关的易安，为乱世所辜负的易安，注定吃更多苦、受更多罪、流更多泪的易安，她的心苦，谁都替代不了。

李清照少时就展现出张扬的才情，也有不做掩饰的骄傲，但那是出自天性的自由与不羁，她大概从未想过，有朝一日自己因亡国而发出的呐喊，会成为一代人的悲声。年轻时她就知那个时代的乱，只是不曾预料到居然已经烂到无可挽回的地步。乱世里不甘屈服的人，就像刀尖上的舞者，是时代，逼迫她行走在锋利的刀尖上，锋刃冰凉、切肤透骨。

有人说：所谓英雄，当死于竭力而非窒息。

李清照不是英雄，却像英雄似的忍受着窒息般的疼痛，盼着王师北定中原的一日。

4. 苦就苦在不合时宜

菩萨蛮（风柔日薄春犹早）

风柔日薄春犹早，夹衫乍著心情好。睡起觉
微寒，梅花鬓上残。

故乡何处是，忘了除非醉。沉水卧时烧，香
消酒未消。

这是南宋初年的早春，易安酒后小憩，醒来时发现插
在鬓角的梅花已经凋残了。本来也不必太过感伤，反正梅
花年年都有，年年相似。只是，前两年赏梅时，国都还是
汴京，虽和青州有千里之隔，也从未让人觉得遥不可及；
这一年，她在江宁，距离宋高宗的朝堂很近，那是南宋的
心脏，有她最该期待、最该相信的一群人。可是，那又像

是这个国家最遥远、最陌生的地方。

好像她的心跳和这颗心脏始终不在一个频率上，易安盼着他们朝北，打回去；他们却盘算着向南、再向南，此时的建康，也不过是为临安选的最后一块遮羞布吧。

"何人不起故园情。"故土像空气，它在那里时可以被忽略被漠视，当它被剥离之后，才让人窒息。"故乡何处是，忘了除非醉。"这份亡国之痛，只有在沉醉之中才能暂时忘却。

害怕醒来的第一个念头就是，想回家。

李清照盼了半生，终归没有盼到收复河山的这一天。不只易安没能等到，岳飞没等到，辛弃疾没等到，陆游没等到，文天祥也没等到。他们心里或轻或重都有计较，自己念念不忘收复中原，朝廷却意欲偏安江南。统治者若无意北伐，其他人有再多抱负也无济于事。志向不是武力，如果不能实践，永远只是个人的一厢情愿。

南宋末年，文天祥被捕。元丞相孛罗亲自审问，笑他以残兵败将对抗元军是以卵击石的蠢行。孛罗问他："既知其不可为，又何必为之？"

"譬如父母有疾，虽不可疗治，但无不下药医治之理。"文天祥如是回答。

初次看到这句话，心脏好像被人重重地打了一拳。就算被指为一厢情愿，他们也认了。视潦倒家国如绝症父母，明知无药可医仍要全力救治，南宋的李清照、文天祥们，是不是都有过这样炙热但绝望的念头？

不为君王，还要念着百姓，国事为大、家事随安，是这群医者的软肋。

国土、百姓、朝廷，三者相加，这才是国；偏偏最少最小的那部分，操纵着国的命运。他们偏安江南的时候，李清照们长叹故乡何处；他们醉生梦死的时候，陆游们北望中原；他们夜夜笙歌的时候，辛弃疾们挑灯看剑。

真是一群扫兴而不合时宜的人哪！

靖康耻是扎在所有宋室子民心头的一根刺，有人耿耿于怀，也有人心照不宣想要忘记。如果有人对自己在人前的糗事装作毫不在意，偏偏有人一再提醒，他必然恼羞成怒。南渡之后，皇帝尚且不顾父子恩、手足情，偏有群不识相的人一再追着他喊"还我河山"，这不啻明晃晃的挑衅，揭的还是皇帝的疮疤。这还了得！好在李清照只是个女人，人们早被男尊女卑的观念洗脑，又有谁会在意一个妇人的碎碎叨叨？易安的抱怨和牢骚多数被当权者自动过滤，但她的老乡辛弃疾就没这么幸运了。

辛弃疾字幼安，与李清照一起被后人尊称为"济南二安"。李清照辞世时，他还未加冠。

他生长于被践踏的北方，尝过被蹂躏的滋味，收复河山的渴望更加强烈。男儿有梦心如铁，杀敌报国是他平生最大志向。他既是书生，又是武夫，下马能够草檄，上马能够杀贼，当建功立业的心愿难以实现时，只能"把吴钩看了，栏干拍遍"。

最让人惊艳的是辛弃疾的出场。他就像很多武侠小说里写的那样，只带少数兵卒纵马深入敌军大营，万人合围中活捉叛贼张安国，真是气吞万里如虎，有如神兵天降。这样一位英雄，本该属于大气磅礴的汉唐，可叹他生在了瘦削孱弱的南宋，一心许身报国，还屡屡遭受挫折，一生中最好的年华都在贬谪和赋闲中度过。

有多么赏心悦目的出场，就有多么失意落寞的谢幕。辛弃疾一生未得到重用的原因可能很多，他积极主战，时常讽刺南宋君臣偷安宴乐的怯弱和畏缩，又迫不及待地呼吁明主重整乾坤，肯定惹得君王不快。如果他有一颗趋炎附势、曲意逢迎的心，是不是就能成为所谓识时务的"俊者"……

但是，俊者若此则不做也罢，我们必然不爱这样的稼轩。

无论是只能在诗词中呼吁英雄的李清照，还是只能在梦里杀敌的陆游，都有和辛弃疾一样的坚持，也有和他一样的无奈。他们爱国图强，有锐气，有血性，有能力，只是，没后盾。那个万众瞩目的朝廷，不愿做他们的后盾。

后人赞他们是丈夫，是人杰，他们靠近历史价值观的主流，却未必符合当时主流社会的期望。朝廷需要山河锦绣的盛世华章，立刻就有跳梁小丑捧出虚张声势的喜剧精神，苦了他们，成了为朝廷效力却被朝廷嫌弃的悲剧英雄。

他们盼朝廷秣马厉兵挥戈北上，朝廷上下却一心做出失忆状，宁肯把精力用于纵情享乐。从南宋初年定临安为"行在"之后，统治者就开始扩建宫城禁苑，似乎忘记了只把临安作为临时都城，他日定要北上的许诺。据《钱塘县志·纪都》记载，临安的皇宫"宫内有大殿三十余、堂十三、阁十三、斋四、楼七、台六、亭十九"。好一座金碧辉煌的临时陪都！何等炫目，何其奢华！南宋灭亡后，有意大利人马可·波罗游历到杭州，他在游记里不无钦羡地夸赞了这座"世界上最美丽华贵之城"，其"宫殿规模之大，在全世界可以称最"。对此，南宋朝廷功不可没。此时元朝风华正茂，赵宋早已沦入历史的劫尘，倘若李清照们能听到这个洋人发自肺腑的赞美，不知会做出什么表情？

李清照辞世半个世纪后，辛弃疾含恨合眼。又过三

年，诗人陆游带着山河不复的遗憾，发出了泣血垂泪的
悲叹：

> 死去元知万事空，但悲不见九州同。
> 王师北定中原日，家祭无忘告乃翁。

这是很多人共同的遗憾，共同的梦想。可惜这一日，
谁也没等到。

知音总是不在当世，后人只能在追忆中以表敬意，以
慰前人。词学家夏承焘先生曾为易安作诗一首：

> 中原父老望旌旗，两戒山河哭子规。
> 过眼西湖无一句，易安心事岳王知。

易安的心事，岳王知，放翁知，稼轩知，该知的人却
装作不知。任你指桑骂槐也好，冷嘲热讽也罢，有人甘心
做扶不起的阿斗，诸葛再世又能奈他何？

5. 一树梅花别样滋味

渔家傲（雪里已知春信至）

雪里已知春信至，寒梅点缀琼枝腻。香脸半
开娇旖旎，当庭际，玉人浴出新妆洗。

造化可能偏有意，故教明月玲珑地。共赏金
尊沉绿蚁，莫辞醉，此花不与群花比。

"《漱玉集》中比重最大的咏梅词，假如把它们依次
联章，简直可以构成一部堪与两宋之间的三、四代皇室的
兴衰史相始终的作者的心灵史。"李易安到底有多爱梅
花，从这句话里不难寻到痕迹。她用诗词记录下她看到的
梅花，后人寻着这蛛丝马迹去窥视她的生命。

梅之于李清照，或许并不像香草之于屈原、菊花之于陶

潜那样典型。很多人被她笔下各种形状，各种颜色，各种声音的"愁"捆绑了记忆，便或多或少地忽略了她词里其他的经典意象。和屈原把情怀寄香草，陶潜将操守托秋菊一样，李清照赏梅、写梅、赞梅的同时，都在用心情浇灌梅树，所以那一树在枝头闹雪迎春的梅花，尽与词人同悲共喜。

这首《渔家傲》写于早期。"雪里已知春信至"，这必是一个对生活充满乐观向往的人才能体会到的别致喜悦——"冬天来了，春天还会远吗？"英国诗人雪莱在《西风颂》里的热情呼唤与易安此时的心情异曲同工。那些能在冬天享受到春日心情的人，真是让人忍不住心生忌妒。

此时，她在冬天里一眼望去，便能看到藏在枯枝里的春色无边，"寒梅点缀""香脸半开"的春色格外妖娆；江梅立在庭院里，宛若出浴玉人，袅袅婷婷。"此花不与群花比"，既赞了梅花，又述了胸怀。梅花独领风骚，但上天不可能把人世间最美好的东西全部给它——"造化可能偏有意"，给了梅花高洁傲岸的品性，让赏梅人能在玲珑剔透的月色里观暗香浮动，也给了它最冷峻最残酷的考验。

崇宁党祸是她最早面临的考验之一。此前已多有交代，此处不再赘述。写于这段时期的《玉楼春》表现了她当时的状态。

红酥肯放琼苞碎，探著南枝开遍未。不知酝
藉几多香，但见包藏无限意。

道人憔悴春窗底，闷损阑干愁不倚。要来小
酌便来休，未必明朝风不起。

刚到花期，"探著南枝开遍未"，梅花未尽开放，宛
若凝脂的花瓣像是裹着暖玉，花形美好。含苞待放的梅花
里不知蕴藉着怎样的芬芳，也不知藏着多少难言的心事。
按照常理，词人接下来应写梅花怒放的景致，但她却一下
子从含苞写到了将败，这种突兀的转折让人莫名，又让人
好奇。梅花含苞，蕴藏着绽放的希望，这等生机勃勃、春
意盎然的情调，却没能调动起词人的兴致。她斜倚春窗，
意兴阑珊，一副忧心忡忡的样子。她的担心并不多余，
"要来小酌便来休，未必明朝风不起。"天气阴晴不定就
如世事无常，谁知道明天会不会来一阵疾风骤雨，打落未
开的花苞呢。

李清照对南枝梅花的担心，又何尝不是对自己命运的
焦虑。一旦风波又起，梅花落了还有来年花期，人若遭劫
就不知是否能够转危为安了。

党祸带来的忧虑虽重，到底没有伤筋动骨。此时的

她虽然憔悴、惆怅，到底还能作出"要来小酌便来休"豁达，即使是无可奈何的豁达，也总好过"试灯无意思，踏雪没心情"的心灰意懒。

> 庭院深深深几许？云窗雾阁长扃。柳梢梅萼渐分明。春归秣陵树，人老建康城。
> 感月吟风多少事，如今老去无成。谁怜憔悴更凋零。试灯无意思，踏雪没心情。

写这首《临江仙》时，李清照人在建康，由此推测时间大概为建炎三年（1129）春，李清照四十六岁。对于任何一个女人来说，知天命的年纪将至，多少都会有些感慨，叹老去的年华，叹不再的青春，这再正常不过，但是李清照的心情显然比这还要沉重得多。

"柳梢梅萼渐分明"，这是"春归"的信号，但春天来了又能怎样？就算树绿花开春来俏，她也只顾回头，眼底是白茫茫一片大雪！

词中的"踏雪"二字藏着一段故事，《清波杂志》有记载："顷见易安族人，言明诚在建康日，易安每值大雪，即顶笠披蓑，循城远览以寻诗，得句必邀其夫赓和，明诚苦之也……"夫妻二人一起赏雪寻诗，赵明诚的"苦之"未尝不是一种相濡以沫的幸福。但是李清照现在不单没了踏雪的兴致，还直叹"谁怜憔悴更凋零"，为什么会这样？

正月十五有元宵灯节，在节日到来之前赏灯，谓之"试灯"。元宵节也是团圆日，四十多岁的年纪，若能儿女成双，子孙绕膝，定是一副热闹温馨、共享天伦的美事。事实往往不尽如人意，李清照与赵明诚成婚二十八年，始终无出。虽然史料中没有多少关于这件琐碎八卦的记载，但在"不孝有三无后为大"的观念笼罩下，赵李二人的心情也不难想象。不知"老去无成"的憾事里，膝下无嗣是否也是其中一桩？

除却小家的烦恼，国家的命运也时刻萦绕在女词人的心头。靖康之祸后，宋高宗赵构即位，几番折腾最后苟安于江南。为避祸事，李清照一路寻着高宗的逃亡队伍，迁徙流离，历尽波折。虽然尝尽了苦头，却始终看不到重振河山、强国雪耻的希望。后人言："清照《临江仙》词中的'人老建康城'，不单是她个人的悲叹，而且道出了成千上万想恢复中原的人之心情。"所以，这首词不单是"闺情"，更是"史诗"。

家仇国恨汇聚在一起，且看不到任何转机，难怪词人会觉得没意思，没心情。

同是写梅，或喜或忧，或朝气蓬勃或苍凉惆怅，从青春正韶华到容颜渐憔悴，从"此花不与群花比"的意气风流到"闷损阑干愁不倚"的兴致缺缺，再到"如今老去无成"的黯然落寞，从"倜傥，有丈夫气"到"心灰意懒"，便是这个女人一生最璀璨年华的缩影了。

岁月最是冷漠无情，它不因人事兴衰而迟到早退；光阴又自有温度，它让开心的人见到融雪后的春芽，只给伤心人一片龟裂的荒原。这几首词放在一起来读，几十载时光仅能化作一树寒梅的几次花开花谢。一个女子一生的喜怒悲欢，都不过是春意料峭时，梅花映雪的一个悠长镜头。

就在李清照写成《临江仙》的同年，四十九岁的赵明诚卒于建康，留给妻子十五车文物古籍和尚未完成的《金石录》残稿。赵明诚的病来得很急，从患病到辞世不过短短一两月。李清照笔蘸血泪，写下《祭赵湖州文》，现留世的残文中有一对句："白日正中，叹庞翁之机捷；坚城自堕，怜杞妇之悲深。"丈夫暴亡带给她的伤痛，透过这直陈悲恸的只言片语，外人恐怕也只能体会到其中一二。自南渡开始，李清照的词风已从之前的委婉清丽、情真意切变得略有悲恻、低沉苍凉，待赵明诚去世之后，她作品里的悲凉凄怆就更加鲜明了。

伴着一树梅香，雪似乎又要下得更紧，李清照生命里最寒冷的冬天终于还是来了。

第八章

半死梧桐倾城殇

当时只道是寻常，从前常常以为，平淡而真
实的幸福是理所当然的事情，等到阅尽繁华、
勘破荣辱，才惊觉时过境迁、物是人非的感
悟竟是透心的凉。

1. 半死梧桐，失伴鸳鸯

忆秦娥·咏桐

临高阁，乱山平野烟光薄。烟光薄，栖鸦归后，暮天闻角。

断香残酒情怀恶，西风催衬梧桐落。梧桐落，又还秋色，又还寂寞。

词里有乱山、栖鸦、暮天、西风、叶落，这样的秋色，让人想起了《神雕侠侣》里那个惆怅且落寞的结局：

却听得杨过朗声说道："今番良晤，豪兴不浅，他日江湖相逢，再当杯酒言欢。咱们就此别过。"说着袍袖一拂，携着小龙女之手，与神雕并肩下山。

其时明月在天，清风吹叶，树巅乌鸦呀啊而鸣，郭襄再也忍耐不住，泪珠夺眶而出。

正是："秋风清，秋月明。落叶聚还散，寒鸦栖复惊。相思相见知何日？此时此夜难为情！"

"一见杨过误终身"，这是对杨过的恭维，亦是对那些爱而不得的女子的同情。郭襄爱上杨过，爱到孤老终生，可怜她情窦初开，就为爱情葬了心。人们都盼着此生能遇到那个让自己一见倾心的人，却没想过，倘若遇得到得不到，又该怎么办？除却巫山不是云，他是此生唯一，难以复制，不会再现，此后遇见的所有人、谈过的每段情，可能都是将就。还有的人不肯将就，于是一生被孤独劫持。

华山之巅寒鸦凄凄、秋风飒飒，金庸在小说里引用的是李白《秋风词》的上阕，其实，下阕情苦更胜一筹。

入我相思门，知我相思苦，长相思兮长相忆，短相思兮无穷极，早知如此绊人心，何如当初莫相识。

"何如当初莫相识"，这不过是不能相守、相思成灾后的一句违心叹息罢了。早知如此，就真的会改变初衷吗？料想不会。否则，又怎会有人前赴后继甘愿坠入情网，如扑火飞蛾。

那么，爱而不得和得而复失，到底哪种更为苦涩？若要易安选，大概会是后者，因为那样的痛苦，她尝过。

建炎三年（1129）五月，赵明诚和李清照到达池阳后即接到圣旨，他仍被任命为湖州知府。此时距他因缒城宵遁被罢官不过三个月。赵明诚把妻子安置在池阳，独自折回建康面圣。这是他们人生中最后一次分开，那天是六月十三日，当时情状，多年之后李清照仍记忆犹新。

> 六月十三日，始负担舍舟，坐岸上，葛衣岸巾，精神如虎，目光烂烂射人，望舟中告别。

那个精神如虎、目光灼灼的人对她一番叮嘱后，驰马而去。这一去，几乎就是永别。

七月末，李清照接到书信，信中说赵明诚因途中鞍马劳顿，再加上暑热异常，患了重病。忧虑和恐惧瞬间攫取了李清照的意识，她太了解赵明诚，以他的急性子，必然会为了尽早消热而服用大量寒性药物，如此只会加重病情。"遂解舟下，一日夜行三百里。"当真是心急如焚，只恨未生双翅。当李清照来到赵明诚身边，他已经病入膏肓。

八月十八日，赵明诚"取笔作诗，绝笔而终"。

这个男人，逃过了一场场政治风波，又避过了一场场刀兵战乱，尚有亲人需要照顾，还有文物未作安置，更有著述不曾完成，就被突如其来的疾病裹挟而去。当时他不过四十九岁，李清照对未来的一切设想里，从来不曾为"死亡"留下坐席。

赵明诚的死太突然，就像不在命运计划内的一桩意外。

这个意外造成的后果狼狈且凄怆，李清照得一个人承担。料理完丈夫的后事，她大病一场，还未痊愈就听闻金兵压境，于是拖着病体四方打听，千方百计只为保全被赵明诚视为生命的文物。

这之后的路途之艰难，精神之煎熬，不难想见。康震先生在《百家讲坛》讲到这段历史时，援引了托尔斯泰的一句话："你和另一个人一起走进生活，那人突然掉进了黑暗，你停下来，朝黑暗里看了一眼。"李清照看着被黑暗吞噬的爱人，心如刀割却无能为力。她只能继续往前走，朝着光明的地方去。

但是，读过她的悼亡词的人都知道，她的心，已经永远留在了那个人坠落的地方。

《忆秦娥》题为咏桐，梧桐叶落，是季节之殇也是爱情之殇。深爱的人就此离去，此生再难相逢，来世更无从期待，这种悲伤，伴着凄苦的鸦啼，悲壮的角声，蔓延开去，乱山平野间都是衰色。她心境若此，旁人不能要求更多。"梧桐落，又还秋色，又还寂寞。"或是梧桐染黄了秋日，或是秋风吹老了梧桐，人已去则美景不复，无心驻足亦无心玩味。

她的《鹧鸪天》里也出现过梧桐这个意象。

> 寒日萧萧上锁窗，梧桐应恨夜来霜。酒阑更
> 喜团茶苦，梦断偏宜瑞脑香。
> 秋已尽，日犹长，仲宣怀远更凄凉。不如随
> 分尊前醉，莫负东篱菊蕊黄。

比易安稍长的北宋词人贺铸，在晚年悼念亡妻的《鹧鸪天·半死桐》中，曾有"梧桐半死清霜后，头白鸳鸯失伴飞"之语，易安的"梧桐应恨夜来霜"，与之相比不够凄切，多了怨恨。"恨"这个字眼里，埋的不是戾气，而是白居易的《长恨歌》中的恨，是"在天愿作比翼鸟，在地愿为连理枝。天长地久有时尽，此恨绵绵无绝期"的遗

恨。这种遗恨，既来自梧桐半死、鸳鸯失伴的痛苦，也来自比"仲宣怀远"更为凄凉的身世。

仲宣是东汉文人王粲的字，他是"建安七子"之一，曾写《登楼赋》以抒思乡怀国之情，其中"情眷眷而怀归兮，孰忧思之可任！""悲旧乡之壅隔兮，涕横坠而弗禁"之句令人闻之落泪。但与他相比，易安无国亦无家，背井离乡又失去了丈夫，故而称自己处境比王粲更加凄凉。

若赵明诚还陪在她身边，团茶虽苦犹香，梦断可改日为继，可惜，没有假如。她到底还是无法逃离无边的黑暗。以李清照的性格，她不是没有挣扎过，"不如随分尊前醉，莫负东篱菊蕊黄"，这是她自我宽慰的方式。把酒对菊看似赏心乐事，其实不过是故作达观，恰如辛弃疾那句"而今识尽愁滋味，欲说还休，欲说还休，却道天凉好个秋"。人生几度秋凉，尝过世间多少愁滋味，才能发出这样的感慨？

两首词，写秋色写梧桐，写人写情。秋天是有脚的，风是它行走的方式，每片落叶都是光阴经过时踩下的脚印。生命漫长，终要在生长和凋零、得到和失去的轮换中推进。易安爱过，痛过，得到过，也失去过。这一切，都是她认真活过的证明。

2. 最怕，当时只道是寻常

南歌子（天上星河转）

天上星河转，人间帘幕垂。凉生枕簟泪痕滋，起解罗衣聊问、夜何其。

翠贴莲蓬小，金销藕叶稀。旧时天气旧时衣，只有情怀不似、旧家时。

对所有人、所有情感而言，时间的不可逆转，是最可怕的敌人。

等到开始频频回望来路时，便是已经老了。飞扬的青春逝去，青丝成了白发，忘不掉、洗不净的竟然都是从前日子里最平凡的场景和最微小的物件儿，比如花前吟诗月下弄墨，赌书泼茶湿了衣襟；比如一阵春风一场秋雨，一副首饰一件旧衣。

十五年前花月底，相从曾赋赏花诗。

今看花月浑相似，安得情怀似往时。

此诗题名《偶成》，易安似在强调这不过是一时兴起的涂鸦，然兴之所至有感而发才易见心声。时间大概是建炎三年赵明诚病故以后，李易安夜来赏月，明月照着独影，她想起了从前和丈夫"相从"赋诗的旧事，字面上平静无波澜，内里却暗流汹涌，夫妻死别的悲怆、未亡人钝而弥久的痛感，写得沧桑且悲慨。

往前推十五年，李清照和赵明诚还在青州。煮茶、饮酒、读书、斗诗，日子悠然闲适，就连照着归来堂的日光都是暖的慢的。旧时的美好或许也能为清冷的现实带来瞬间的洋洋暖意，再之后，仍是刺骨的寒。

一句"安得情怀似往时"，也是《南歌子》要表达的情感。怕就怕，相遇太短回忆太长，这以后，旧人、旧事、旧物、旧情，都会令人神伤。

少年人的爱，即使故作矜持也挡不住奔放且热烈的本质；年龄渐长，越深刻的情感反而被包裹得越严实。时光辗转必然带来生离死别，这其中，生死殊途是最让人难堪的事，一个人即使有"上穷碧落下黄泉"的执着，也落不到实处，只能作长久而枯寂的追思，像在永恒的黑暗里，看不到一点曙光。面对这种绝望的体验，哭天抢地的激烈爆发是孩子的特权，心灵沧桑如易安，表达得淡而雅。她的忧伤是细碎的、绵长的、浸润式的，即使眼泪把枕簟都打湿了，也不会让人感觉到她的失态。哀而不伤，忧而自制，所以更苦。

这应该是她自赵明诚去世之后，无数孤枕难眠的夜晚里极平常的一个。是夜，星光璀璨，天上银河流转，夜凉如水厚如帘，笼罩着万籁俱寂的人间。如果只是抬头看上一眼，根本看不出银河的移动，是以她保持着独立庭院、仰望夜空的姿势，不知已经过去了多久。星河转，难道不是意味着时间的流逝？今夜的时间，此生的时间，都要耗尽在这百无聊赖又无可期许寂寞中吧。

夜色已深，不得不催促自己快快入眠，她和衣而卧，只觉得身下枕簟透着刺骨的冰冷，让人心里也泛上凉意。悲从中来，不可断绝，眼泪竟也忍不住了。"起解罗衣聊问、夜何其"，忍不住在心中自问，这漫漫长夜，什么时候才能天明呢？"夜何其"出自《诗经·小雅·庭燎》："夜如何其？夜未艾。"夜已过半，熹微将现，意味着苦闷的夜晚终于快要过去了。

"夜何其"还曾出现在西汉孙武的诗里。天汉元年（公元前100年），年轻的中郎将苏武受命于汉武帝，率团出使匈奴。临行前，他写下一首《留别妻》与妻子作别。

　　　　结发为夫妻，恩爱两不疑。欢娱在今夕，嫣
　　婉及良时。
　　　　征夫怀远路，起视夜何其。参辰皆已没，去
　　去从此辞。
　　　　行役在战场，相间未有期。握手一长叹，泪
　　为生别滋。
　　　　努力爱春华，莫忘欢乐时。生当复来归，死
　　当长相思。

　　这个以钢骨、气节闻名的男人，也有过如此柔和的情感，壮士一去不复返的悲壮里，是与妻子相许终生的约定。他这一去，就被匈奴人扣在胡地，再回中原已是十九年后。"结发为夫妻，恩爱两不疑。……生当复来归，死当长相思。"许下这个誓言时，苏武一定抱着坚如磐石的决心。

　　都知道再重的誓言也是轻的，历史上太多著名的约定最后都落了空，可人们还是愿意相信，愿意期待。故事就到此为止，该有多好。

后来，妻子以为他已罹难，转身嫁作他人妇；而苏武在酷寒的北海边，也有了别的女人。为什么再嫁，为什么另娶？说不清是对他们背弃誓言的埋怨，还是对有情人成了分飞燕的遗憾。十九年太长，缘分太浅，爱易苍老，没耐住流年。

流逝的光阴能带走很多珍贵的东西，比如爱情和生命，也会留下很多逃不开的圈套，比如回忆与遗憾。这首词本身就是由一件旧衣触发的心事，写到纸上，就像岁月的霜鬓。

与上阕"罗衣"相接，易安浅浅勾勒着它的花绣：翠贴莲蓬，金销藕叶，即使成了旧衣，也能想见昔日的富贵样貌。"莲"通"怜"，"藕"通"偶"，无人怜惜佳偶不在，恰与"小"和"稀"应和，斯人不在爱情已逝，只留她一人茕茕孑立。

关于这件金翠罗衣，应该还有什么让人释怀不了的故事，词人没说，但大抵和赵明诚有关。白居易有诗云："人老多健忘，唯不忘相思。"爱情里的事，哪怕芝麻大小，也会成为回忆里华丽的瞬间。

"旧时天气旧时衣，只有情怀不似、旧家时。"天气一如往昔，服饰仍是旧时，只有情怀大不似从前了。

连用三个"旧"字，不但不觉拖沓，反而字字见泪，句句含悲。

"当时只道是寻常"，从前常常以为平淡而真实的幸福是理所当然的事情，等到阅尽繁华、勘破荣辱，才惊觉时过境迁、物是人非的感悟竟是透心的凉。所以，崔护有"人面不知何处去，桃花依旧笑春风"的感慨，晏殊有"去年天气旧亭台"的嗟叹，欧阳修有"可惜明年花更好，知与谁同"的"此恨无穷"。

这样的遗憾，太深，也太浅。到察觉时，早已成了无法追回的过去式。又或许，短暂的东西才让人憧憬，也只有遗憾才让人痴迷于圆满，总要等到物是人非，才知当年的好。

3. 纵是伤情却也从容

渔家傲（天接云涛连晓雾）

天接云涛连晓雾，星河欲转千帆舞。仿佛梦魂归帝所。闻天语，殷勤问我归何处。

我报路长嗟日暮，学诗谩有惊人句。九万里风鹏正举。风休住，蓬舟吹取三山去！

《宋史》记载，高宗赵构其实是个颇有才华的皇帝，他"资性朗悟，博学强记，读书日诵千余言，挽弓至一石五斗"，他能文能武，还精于书法，笔走龙蛇间"颇得晋人神韵"。

可惜，徒有韵味却少钢骨的御笔朱毫，挡不住金人的刀戈。女真人一刀就把大宋王朝斩为两截，马蹄碾碎无数人的悲欢。高宗一边遣人议和，一边仓皇奔逃，不能坐轿了就乘车，陆路不通便下海，舟车交替，向南，再向南。

跟随赵构的，除了追兵，还有拖家带口、踉踉跄跄的宋室子民。

大厦将倾，人们迫切需要一个靠山，哪怕只是心理上的。高宗的骨头实在算不得硬，但人们早已习惯把帝王当成主心骨，明知这想法有时痴傻得紧，却又执着地一厢情愿，甚至肝脑涂地。皇帝去的地方，总该是最安全的吧。他们这样念着想着，然后就上路了。

这种心态，又好比历来起兵的人总要寻一个刘家皇叔、朱三太子之类的名头，才敢扯起"顺应天道"的大旗。正统摆在哪里，人就会涌向哪里，甚至顾不上辨别那是真佛还是一尊泥菩萨。

于是，一群人追随泥菩萨赵构一路南逃，南宋王朝就由这乌泱泱的难民潮拉开了序幕。

这支队伍大而杂，有工农商贾，有官宦吏属，有满腹经纶的学士鸿儒，也有大字不识一斗的平民白丁。在生死这人生第一严肃的大事面前，身份地位学问都是浮云，皇帝和乞丐一样谨慎。

逃亡的人群里，有一个疲惫的妇人。她不久前才丧了丈夫，还没从悲痛中挣扎出来，不得不打起精神，携着书帖古玩开始逃亡。不管多难，她都没想过抛下这些文物，那些硬邦邦的玉石上刻着她的前半生——每一件都是她与亡夫呕心沥血搜集来的，那是一段泡在蜜罐里生长的日子；皱巴巴的宣纸上还涂抹着她的后半世——要靠这些值钱的物什生活，还要完成丈夫留下的半部《金石录》，这段生活浸了海水，难免有点咸涩。

寻着天子的脚印，她经奉化、过宁海、走黄岩，风餐露宿，狼狈不堪，皇帝走过陆路改行水路，她也只好雇船入海，温州、台州、明州、越州数月漂泊后，终于抵达杭州，偷得一时安稳。

这段陆海大逃亡的经历充满惊险，让人既无奈又屈辱。敏感如她，便有无数心思需要表达，太多情绪想要宣泄，没人倾听，只好诉诸笔墨，就有了这篇《渔家傲》。

这是《漱玉词》里的异类。

乍一看，好像瞥见了梦访天姥、夜游仙境的李太白，光怪陆离的景象亦真亦幻，浪漫而热烈的气魄扑面而来；再细品，似乎又能听到几声杜子美的叹息，他的忧思、他的悲怆就藏在大气洒脱的文字之后。但是，李白的恣肆放浪和杜甫的沉郁顿挫，都不是这首词最终的风骨。它是李清照暂时摘下婉约面纱后的一次纵声呐喊，或许还是她对人生的另一种期待。

李清照多把豪气挥洒进诗文，而将柔情、温情、怨情调和入词。《渔家傲》是个例外，有别其他词作的清丽婉转，她收不住心，也收不住笔，一挥而就便成恢宏大气，连半个字都不能更改。

　　海上逃亡的经历一定让她印象深刻，就连做梦都在汹涌澎湃的波涛里颠簸。她梦游天河，海天相接处云海波涛俱在翻涌，"转""舞"两字甚至让人有了眩晕的感觉。在现实中她可能尝到过这种眩晕，那时候她孤身一人，凭着一股不得不为之的韧性，还有对皇帝、朝廷的殷殷期待硬撑下来。她应该对高宗有过期待，理想状态大概如梦里遇到的天帝：仁慈宽和，热爱子民。期待从高处坠下来，大抵会摔得很痛，现实中的君王，徒剩狼狈而已。

　　遭遇狼狈和尴尬的还有词人自己——道路漫长，又逢生命里的"日暮"，空有期许却遭遇不幸，纵然有才又常被礼教道学所束，胸中的愤懑无处倾诉。词人承受着命运的挤压，仍努力在狭小的缝隙里伸展自己的枝丫，这何其困难，又何其顽强。

　　清人黄蓼园在《蓼园词选》中评价，这首词"浑成大雅，无一毫钗粉气，自是北宋风格"，梁启超也称"此绝似苏辛派，不类《漱玉词》中语"。

　　这首词常被人解读为是李清照表达理想的浪漫主义

词作，但被覆在这理想之下的，却是更为深婉的现实内容——她的失落和希望，她的牢骚和振作。作为那个时代下女人里的"意外"，李清照必然要承受某些悲剧。

那个时代，是最美好的，也是最糟糕的。

理想化地忽略孱弱的国家，臃肿的朝廷，嗜血的兵刃，便能看见它姣好的侧脸：那是个浪漫而倔强的朝代，文治天下、重文轻武，庙堂之高江湖之远，人们兴致勃勃地咬文嚼字，挥毫泼墨。但文化氛围再好又怎样？女子的手不该用来执笔，绣花针才能衬得出纤纤柔荑的美好。女人不该做学问，有文化就会有想法，有想法就易生事端，男人们尚且摆不平自己惹来的荒唐——荒唐的家事、情事、国事，自然不愿再跟女人做经史子集的计较，更想和她们吟风弄月，把酒言欢。

当暮年的李清照想将生平所学传给一位好友的孩子时，那小女竟一本正经地拒绝："才藻非女子事也。"

十岁孩子都懂的道理，李清照不懂。她恰是那种既有才华又有想法的女人。年轻时，她就把本朝的大词人批了个遍，从柳永、苏轼到黄庭坚、秦观，"易安历评诸公歌词，皆摘其短"，这份自信和傲气，连寻常男子都罕有。她以女子之身跻身文坛，与柳永、苏轼等大家比肩而毫不逊色，这是她在文学上的胜利；到了暮年，她再婚旋即离婚，无视道学家专为女子树起的"牌坊要大，金莲要小"的藩篱，执着于自由，这是她对自身价值的坚持。

凡此种种，后人都是要竖起拇指称赞一二的，但于当时的她而言，未必如现在说来这般容易。只一黄口小儿，七个字就能否定她一生为之自负的才华；她挑战了最讲秩序的传统，生前身后的流言蜚语、谩骂讥诮便在所难免。

人生有爱有痛才算完整。这首词与爱情无染，与闺怨无关，读来洒脱却仍能读出孤独。爱情的寂寞是两个人的，想一个人会孤单，凑作一对就圆满；关于生命和价值的忐忑却无人可以救赎，就连在梦里她都无路可走，只能颠簸海上。好在李清照虽然伤情却不哀怨，她以爽快稀释愁苦，就连牢骚都发得比旁人大气。

后人爱用浪漫、理想这些乌托邦式的词汇注释这词，实则是别人的痛总是不痛，酒再苦也只能由她本人去饮。后人只能借古人的酒杯浇自己的块垒，说什么"所有艰难都是造化对她的打磨，磕磕碰碰，直至琢玉成器"，聊以自勉。

生活用锋利棱角切割出的美玉很多，却不是个个令人神往。李易安不同，不知多少人，爱煞了她骨子里的从容。

4. 在人事已非的景色里爱你

好事近（风定落花深）

风定落花深，帘外拥红堆雪。长记海棠开
后，正伤春时节。

酒阑歌罢玉尊空，青缸暗明灭。魂梦不堪幽
怨，更一声啼鴂。

"曾经"二字是对过去的追忆，但它不同于历史，
历史追求还原，曾经不用；历史常常摆出一副刻板的面
孔，曾经的存在多是为了煽情。不论什么属性的词语，
但凡以"曾经"为修饰，就容易变成一出反转剧，比
如，曾经年轻，曾经幸福，曾经勇敢，这些短句之后，
多半会有人接上："但是后来啊……"带着遗憾的口

吻，温度多半是凉的。

　　曾经，李清照的忧愁，无非是为了春逝、花落这样的小事，但是到了晚年她才发现，那段少年伤春的时光，竟然是自己人生中最快乐的一段。少年人常常这样，快乐是绵长的，一桩趣事可以让人欢喜很久；忧伤是短暂的，隔天天亮就能忘记昨夜的烦恼。此后经年，李清照的快乐越来越少，越来越浅，忧愁越来越重，越来越浓，即使再因花谢落泪，定然也掺杂了惜花之外的苦恼。

　　易安对着庭院中被风雨蹂躏过的海棠，发出了"知否知否，应是绿肥红瘦"的叹息。正是伤春时节，幽幽的少女情怀一经才华雕饰，就成了悠扬婉转的诗篇。年轻时，遇到伤心的事，总以为自己遭遇了世间最大的不幸。其实这时的忧伤和快乐，纯粹得像阳光一样，热烈而温暖，可是人们常常把这种简单搞复杂，把阳光在迷蒙的水雾里折射成闹腾腾的五颜六色。

　　要到多年之后，有了悲欢离合、酸甜苦辣的历练，才知道那时认为"了不起"的大事其实都是些琐碎皮毛。一旦有了这种认知，人生就驶入了波澜不惊的轨道，没有狂喜、没有愤怒、没有偏执，看似淡然，实则是哀莫大于心死的悲凉。

　　又是海棠花开的时节，那个"雨疏风骤"的夜晚明明历历在目，却又像已经隔了百年。

风已经停了，不知又吹落了多少花瓣，想必窗外大概是落英满地、红白堆积。想起了多年以前，"试问卷帘人"，却被心不在焉的丫鬟告知"海棠依旧"的旧事，当时的伤春之情现在仍然还有，只是个中情由早已天悬地隔。

酒阑、歌罢、杯空，灯火忽明忽暗直至燃尽。景之幽暗、情之凄清、心之空冷，在灯花"哔哔剥剥"的跳跃中达到极致。人说"灯花爆，喜事到"，却不知是谁的喜事。白天为花伤神，夜晚借酒浇愁，盼着油尽灯枯好入睡。然而就连在梦里她也不快乐，被梦魇缠得眉头紧皱。哎，长夜独眠，连噩梦都不会被人打扰。

还好，远处传来的一声鸠啼，破窗而入，冲破了寂静的黎明。

从噩梦里醒转自然是好的，可是，睁眼后面对的没有你的一天，又和噩梦有什么差别呢？

屈原的《离骚》说："恐鹈鴂之先鸣兮，使夫百草为之不芳。"鹈鴂一叫就是春之尽头，百花的芬芳随之停止，众芳衰歇日，也是青春迟暮时。人间的悲剧情怀往往相通，自然的黯然之意也会影响人的心境。关于"鴂"到底是哪种鸟，历来有两种说法：一说为杜鹃，一说为伯劳。杜鹃又名"子规"，传说周末蜀国，有国君名曰杜宇，号望帝，以其丞相治水有功自以德薄，故禅位去国隐居西山，化为杜鹃鸟，啼声若"不如归去"，文人向来爱用它表故国之思、故乡之念；关于伯劳，最为人熟知的是成语劳燕分飞，《乐府诗集》有诗云："东飞伯劳西飞燕，黄姑织女时相见。"伯劳东飞，燕子西去，比喻夫妻、情侣离别，不再聚首，叹世间总是相遇不易，离别太疾。

无论取何解，似乎都符合整首词的意境和词人当时的处境。流落他乡，又遭丈夫去世的变故，子规不归之殇、劳燕分飞之痛，都是压在易安心头的巨石，稍稍碰触都可能会塌方。但反复揣摩，总觉得这首词悼亡意味更重，春事衰败，残景之中只有一个人的身影，青灯明灭中，她独自饮酒独自唱歌，便是梦里，也寻不到那想见的人。

海棠又落人事已非。单单只是相仿的景致，就能勾起易安的伤心，若有机会故地重游，不知又能催生多少华美而悲伤的诗词。易安不幸，至死也没机会回到故园；易安有幸，免了伤口被再次撕裂的痛苦。

南宋庆元五年（1199），有位七十五岁的老者来到绍兴的一座园林，对着园中的绿瓦白墙静默良久，写下《沈园》：

城上斜阳画角哀，沈园非复旧池台。

伤心桥下春波绿，曾是惊鸿照影来。

　　这首诗，比四十四年前他题在这面墙上的《钗头凤》还要美丽百倍。他说，爱情中的惊鸿一瞥，已经超越生死。这样的悼念确实深情款款，却又像浮在半空的堡垒，没有着落。

　　陆游和唐婉的爱情，美丽但遗憾。相爱的夫妻遇到恶婆婆这打鸳鸯的大棒，这是戏文里最俗套的桥段，可叹有杀敌报国之志的陆游，竟不及戏文里的孱弱书生坚决。唐婉被休，后改嫁，又早亡。说她是因为陆游才郁郁而终，未必不是后人为圆自己的理想擅自美化了这出悲剧，但陆游对唐婉六十年不消的牵挂却不容置喙。

　　虽然如此，还是忍不住要怨：那一年，他爱得不够勇敢。

　　故地重游念及"曾经"，果真是把伤人的利剑。前尘影事不能长记，太伤人。

　　今年的落棠拥红堆雪，不是当年景致；眼前的沈园，画斜阳、映春波，亦非旧池台，眼前人、身边事，更是不似昨日。当初的辜负，当时的怯懦，都不用再提，只需记得曾经相爱。

在所有人事已非的世界里，她还想着他，他还念着她。原来，"曾经"之后的故事也不都是苦涩的，比如曾经爱你，现在，还是爱你。

5. 乱世劫，倾城殇

摊破浣溪沙（病起萧萧两鬓华）

病起萧萧两鬓华，卧看残月上窗纱。豆蔻连梢煎熟水，莫分茶。

枕上诗书闲处好，门前风景雨来佳。终日向人多酝藉，木犀花。

摊破浣溪沙（揉破黄金万点轻）

揉破黄金万点轻，剪成碧玉叶层层。风度精神如彦辅，大鲜明。

梅蕊重重何俗甚，丁香千结苦粗生。熏透愁人千里梦，却无情。

"在这兵荒马乱的时代……总有地方容得下一对平凡的夫妻。"这是张爱玲的笃信或期待，于是她在《倾城之恋》里给范柳原和白流苏安排了一个"患难见真情"的结局，用一座城市的沦陷成全了这对一直彼此试探、无责任调情的自私男女。男有财女有貌，一个求欢一个求生，各取所需再加上一点好运，这个最世俗的故事倒成了最诱人的传奇。

　　传奇毕竟属于高于现实的小说，现实的兵荒马乱里哪有那些旖旎风光？杀戮、血腥、死亡、离别、恐惧，这才是战乱的底色。那兵荒马乱的年代，终于没有地方容得下赵明诚和李清照这对平凡的夫妻。

　　赵明诚的暴卒虽有庸医之过，那个时代也还是要多少担些干系。从金人南下以来，他夫妻惶惶不可终日，既有家国之忧又有仕途之患，还要为保护文物大费周章。贪生怕死是人的本能，我们鄙视他的不负责任，却也不忍把他贬到尘埃里——若非乱世，他只需做个痴迷金石的文人，又怎须哆嗦着双腿直面敌人的刀枪。临战落跑的耻辱，他不可能不在意；皇帝又下任令，他不顾酷暑疾奔建康，未尝不是出于表忠心、雪耻辱的急切。现实的慌乱，心理的焦虑，再加上庸医误诊，让这个文弱书生终于不堪重负，撒手人寰。

别人被乱世成全，他们却被乱世拆散。

赵明诚去世后，李清照大病一场，"仅存喘息"。便是在这段时间，她养病中读书赏桂，写下了两首《摊破浣溪沙》。两首词同写到桂花，一首含苞待放，一首已是金桂怒放。她年轻时也写过桂花，只是当时"自是花中第一流"的意气风发，如今却成了潦倒寂寞的光景。

"病起"，看似有满足的清闲，实则是深沉的苍凉。"枕上诗书闲处好"不过是闲来无事打发时间的雅好，残月哪知人事哀，她卧看窗边月，闲翻枕上书，苦饮豆蔻水，又怎会有真正的自得和满足。她的寂寥，藏在"萧萧两鬓华"的斑驳白发里，藏在"莫分茶"的一个"莫"字，藏在"终日向人多酝藉"的"终日"里。

病情好转已是几日之后，前几天含苞未放的木樨已经"揉破黄金"，点点轻盈的花朵藏于碧玉般的叶子里，倒也颇有一番景致。桂花的风度气韵，就像晋代的乐广（字彦辅，当时的名士），他见识深远，风流清高，又清心寡欲，这是易安推崇的人格。或许这也是她曾以为自律的标准，但怎料她可以与世无争，却不能逃避世事对她的招惹。她说梅花、丁香都不及桂花好，看似否定了自己在其他作品里对梅花的热情讴歌，甚至有人以此为由认为这首词不是李清照所作，实则不然。意象是固定的，情感却是

209

流动的，她在此处抑梅而扬桂，并非出自对梅的厌恶，只是辩证地比较。又从"熏透愁人千里梦，却无情"一句，可以寻到《诉衷情》中"酒醒熏破春睡，梦远不成归"一句的痕迹，都是怨花香扰归梦，来表旧日之思。又考虑到这首词与"病起"一词在时间上的相继性，因此这首词当是易安之作。

养病的这些时日，只是让身心俱疲劳的易安得到了短暂的休息。赵明诚一死，就注定把更大的慌乱丢给她。"葬毕，余无所之。"六个字，道尽了易安的手足无措、四顾茫然。当下，最紧要的就是把家中的文物安置妥当，这也是赵明诚留给她的最后嘱托。

当初他们在池阳分别时，李清照问他："假如城中局势危急，该如何是好？"

赵明诚答曰："从众。必不得已，先去辎重，次衣被，次书册卷轴，次古器。独所谓宗器者，可自负抱，与身俱存亡，勿忘之！"

丈夫对文物的安置做了谨慎细致的规划，却未对她的安危做丝毫叮嘱，甚至让她与珍贵文物"俱存亡"。有人说，李清照听到这句话时大概很伤心。或许吧，物重于人，即使是冲口而出未作周密思量，也的确有点儿伤人。李清照提及这段话时，没有附着任何感情色彩，却让人心惊胆战，不知她心里压抑着怎样的悲哀。

无论如何，李清照用了最大的努力去兑现她的承诺。拖着病体，她开始为赵明诚留下的两万多卷图书、两千多卷碑刻拓本，还有若干金石器皿安排归宿。

> 事势日迫，念侯有妹婿任兵部侍郎，从卫在洪州，遂遣二故吏先部送行李往投之。冬十二月，金人陷洪州，遂尽委弃。所谓连舻渡江之书，又散为云烟矣。独馀少轻小卷轴、书帖，写本李、杜、韩、柳集，《世说》，《盐铁论》，汉唐石刻副本数十轴，三代鼎鼐十数事，南唐写本书数箧，偶病中把玩，搬在卧内者，岿然独存。

她的安排不可谓不周详，料想不该再出差池。但何谓战乱？便是打破一切秩序，让所有"料想""本该"都成泡影。二十余年的心血，悉数毁在战乱里，只留下在病中置于卧室翻阅把玩的少量书籍抄本，不知是不是"枕上诗书闲处好"一句提到的那些，除此还有部分汉唐石刻副本、青铜鼎器等物件，其他俱"散为云烟"。

这次打击之深之重，几乎就像再次失去了赵明诚。文物的得失聚散，就像人世的离合悲欢，赵明诚将文物托付于她，她像爱惜生命一样想护它们周全，只是，在那样黑暗动荡的环境里，这点愿景也注定不能实现。

李清照心里又愧又痛，仅存的文物又该如何保全于乱世？她陷入了更深的恐惧。

6. 美丽的东西没有家

武陵春（风住尘香花已尽）

风住尘香花已尽，日晚倦梳头。物是人非事
事休，欲语泪先流。

闻说双溪春尚好，也拟泛轻舟。只恐双溪舴
艋舟，载不动许多愁。

谁见过璀璨的烟火有家吗？绚烂的夕阳呢？还有幽雅
的昙花，它们全都没有家。世间有太多东西，有摄人心魄
的美丽，却始终没有归宿，永远都在流浪。

美好的东西没有家，没有长久的寄托将它们挽留，因
此易逝。

那个溪上弄舟、沉醉不知归路的少女，已经随着时光

一起老去。赏花斗草、踏雪寻梅都是昨日心情,一宵宿醉、东篱把酒也是前尘故事。恩爱不再,快乐不再,往昔欢愉都成了今日的毒药,曾经的企盼亦如一枕黄粱,美则美矣,却不过顷刻而已,转眼成空。

· 风停了,尘土带着落花的香气。

花落满地,昨天必然有过一阵风雨。落红成阵,就像李清照渐渐枯萎的生命。

张汝舟这个人,是将李清照推到绝望深渊的刽子手之一。他的出现,就像那场摧花的疾风骤雨,卷走了易安好不容易对幸福燃起的最后期待。

在李清照写给亲戚,也是当时的翰林学士綦崇礼的书信《投内翰綦公崇礼启》里,详细记录了她与张汝舟的纠葛:

> 近因疾病,欲至膏肓,牛蚁不分,灰骨已具。尝药虽存弱弟,应门惟有老兵。既尔苍皇,因成造次。信彼如簧之说,惑兹似锦之言。弟既可欺,持官文书来辄信;身几欲死,非玉镜架亦安知,侷偻难言,优柔莫决,呻吟未定,强以同归。

自赵明诚去世后，李清照携文物一路逃亡，身体发肤之痛姑且不提，那种在战乱年代无法避免的草木皆兵的恐慌让她惊疑不定，再加上几年以来，她视若珍宝的文物屡屡流失，或毁于战火，或委于朝廷，或为贼人偷窃，经洪州、剡州、越州三劫，文物中"所谓岿然独存者，乃十去其七八"。后来她投奔弟弟李迒，身边有了亲人照顾，但以知天命的年龄、孀妇的身份，留在弟弟家中似乎也不是长久之计。

　　沉重的生活终于压垮了她，她大病不起，"牛蚁不分，灰骨已具"。人在脆弱时容易幻想，就像在沙漠盼绿洲，在冰天雪地盼炉火一样。李清照盼着能有一双手把自己从绝望里拉出来。人们大多都有这种体会，带着不甘心的绝望、难成真的希望，苦熬而已。

　　就在这个时候，张汝舟出现了，他向李清照伸出了双手。

　　《大话西游》里，紫霞仙子幻想过这样一幕场景："我知道有一天，他会在一个万众瞩目的情况下出现，身披金甲圣衣，脚踏七色云彩来娶我！"不知有多少女子做过这样的梦，也不知多少男人为了实现她们的憧憬费尽周折。张汝舟很幸运，他只用"如簧之说、似锦之言"就换取了李氏姐弟的信任。不久，李清照改嫁张汝舟。

这是李清照一生下的最大赌注，以自己后半生赌这个男人的真心。

后世有很多人认为，"改嫁说"是有人恶意杜撰，是对这个自尊自持的女人的陷害，更是对她视若生命的爱情的污蔑。现实就是这么讽刺，人们都向往完美无缺的爱情，但是，张汝舟用甜言蜜语勾勒的完美爱情，却是假的。幸福始终充满缺陷，最圆满的常常成了谎言。

不得不说，李清照的决定冲动且仓促，但又不难理解。她毕竟只是个平凡的女人，活在乱世里，渴望一个肩膀。人的一生会经历几次爱情？因人而异或许有不同的答案，但最深刻的只能是一次，李清照的"一次"已经陨殁。这时的她，或许已经不再有当初对爱情的执着。她需要安慰，她需要温暖，她需要陪伴，张汝舟可以给她，于是她心满意足地笑了。

但刚离虎穴，又入狼窝，这次豪赌，她血本无归。

结婚前，张汝舟大概也是文质彬彬的君子，可惜，这副君子样貌是"伪"出来的。伪君子比真小人更可怕，真是亘古不变的真理。撕下道貌岸然的面具，张汝舟不再掩饰他的图谋，原来他觊觎的乃是李清照费尽心血保存下来的文物，当他发现这个女人拥有的珍宝似乎不像人们传言中那么多时，不由得有些失落。他的贪婪、粗俗换来李清照的不屑和鄙视，这更让他恼羞成怒，便有了后来的拳脚相加、暴力相向。

心性高洁而又刚烈的李清照不堪受辱，又悔恨交加，她要离婚！古时男子休妻，只须找个冠冕堂皇的理由；女子想要离婚，谈何容易。最后，李清照想起张汝舟无意中提起过他曾虚报科考次数以谋官职，有欺君之嫌，遂以一纸诉状把张汝舟告上公堂，告他"妄增举数入官"。

答应嫁给张汝舟时，她的爱或许不够多，但她真心盼着能和这个人相依为命，互相取暖。没想到，最后竟以对簿公堂、鱼死网破做了收尾。按宋律，妻子状告丈夫，无论罪名坐实与否，都触犯法律。最后，李清照终于和张汝舟离了婚，张汝舟被判流放，李清照获刑两年。好在，在朝中亲友的帮助下，她只在狱中过了九天，但"居囹圄者九日，岂是人为！"

这场婚姻纠葛画上句号，李清照对幸福的努力也至此终结。改嫁已被指责为"不守妇道"，再婚旋即离婚更是难逃议论抨击。史书的执笔者端着卫道士的架子，把"无检操""不终晚节""晚节流荡无归"的刻薄言辞加在她身上，她的反抗与追求，竟被渲染为无耻之行。对这类令人费解的事实，千年之后有诗人总结得好："卑鄙是卑鄙者的通行证，高尚是高尚者的墓志铭。"

有过与人相偎取暖的短暂瞬间，便知温暖抽离后是更加刺骨的寒冷。李清照重新过上孤独寂寞的生活，人与笔下的诗词都变得更加沉静，只是，潜伏于沉静之下的，是让人心惊肉跳的悲恸——希望都已幻灭，便自己掐断自己的花茎。

　　花开花落，又到暮春，她懒得梳妆打扮，反正也无人来看。年年岁岁都是一般的景象，岁岁年年只有她一人的身影，不知以后的日子还有多长，但人生大概也就只能如此了吧。听说双溪春色尚好，戏水泛舟或能带来些许解脱。但她转念一想，自己这一身浓愁只怕舴艋舟也无法承载。算了，还是不去了吧。

　　这个女人敢爱敢恨，爱得勇敢，恨得决绝。爱恨流离间耗尽了她的全部心血。罢了，风住尘香花已尽，心若成灰，未尝不是好事。后世有女子张爱玲斩断情丝后，郁郁地写道："从此我就萎谢了，关闭了心门，与爱绝缘了。"易安也成了这样的绝缘体，她与爱绝缘，更与尘世所有幸福绝缘——那些她极渴望却再不敢轻易靠近的温暖，像凋零的花瓣，马蹄嘚嘚地踏过，碾为尘香。

　　你看，那些美丽的东西，诸如花朵，诸如希望，终归没能留住。

第九章

青鸟不到，生死两端

李清照的"易安"梦，断送在风雨飘摇的两
宋之交，须知这世界本来就不是有求必应的，
总有那么一些地方，就连青鸟都无法抵达。

1. 梅花落满荒原

清平乐（年年雪里）

年年雪里，常插梅花醉。挼尽梅花无好意，
赢得满衣清泪。

今年海角天涯，萧萧两鬓生华。看取晚来风
势，故应难看梅花。

　　百花之中，宋人对梅花尤为偏爱，不只易安，但凡在
文学上有些造诣的名家，几乎人人咏过梅，譬如林逋、晏
殊、苏轼、陆游、姜夔，等等。
　　花这种植物，生来就是受人宠爱被人颂扬的。以花卉
草木入诗文，其源头可追溯到文学的起点《诗经》，此后
不同时代的人各有偏好，先秦人钟情香草，晋人爱菊，

"唐人尚牡丹，宋人偏梅花"，不同历史背景和人文情怀下，古人的审美取向和情趣变迁可见一斑。

宋人心里有着化不开的梅花情节，从清高文士到贩夫走卒，几乎人人爱梅、赏梅，南宋之后，画梅、咏梅更是蔚然成风。较之前代，宋人咏梅时既关注梅花本身的形色芳香，更重视梅花所代表的孤傲质洁、清高自持，越到宋末，这种特点就越明显。

这种现象的出现，和两宋的政治状况不无关联。宋代是个时局动荡不安的朝代，纵使经济文化大显繁荣，但长年内有党争外有强敌，百年以来积贫积弱，靖康之后更是江河日下，风雨飘摇。正直的文人满心忧虑却深感无力，只好借孤傲自洁的梅花寻求精神上的出路，故而常以梅为知己、为慰藉，好求得一时坦然。

李清照用一生写成的《漱玉词》，不过数千字，这一首词《清平乐》却见三处"梅花"。能让人丝毫不吝笔墨的，若非恨极便是爱极。

易安的命运是和大宋王朝的命运拴在一起的，一枝寒梅作引，花颜年年相似，词人的生活与国运的兴衰却岁岁不同。她一生极爱梅花，时时处处都有疏影暗香。这首词大概是对词人一生最好的浓缩，三种梅花三种滋味，三重生活三重天地。

怎么不知不觉间，就老了呢？年轻时的易安每逢雪落定要踏雪寻梅，既是风雅也是天性。一个天真的少女站在皑皑白雪中的一树红梅下，巧笑倩兮，真不知醉的是人还是花。待到年长，过了不识愁滋味的年岁，心事渐多，少了昔日单纯明朗的心境，赏梅的兴趣也淡了，虽然梅枝在手，却也只在有意无意间把玩。或为相思或为人事，竟让人开始不时淌下泪来。

渐入暮年，人们最爱怀旧，却又最怕怀旧。能忆苦思甜倒还算得上美事一桩，但如果回忆比现实甜蜜，昨天比今天温暖，就只剩自我折磨了。这首词里的词人便是这样，上阕四句追忆旧时心情，一"醉"一"挼"虽有惆怅到底不深，到了下阕愁苦益浓，"天涯海角"既指词人已是异乡客，又指心境的千差万别。丈夫去世后，她沦落飘零了那么久，哪里还有心情再去寻梅？心情本已极其消沉，又有天公不作美，寒风将至，一夜摧残后，梅花就会凋零败落，纵然有赏花的心情，也无处再寻芳踪。

晚年的李清照几乎尝遍了人间的不幸，山河破碎让人愁，他乡为客让人恼，夫死家亡、漂泊流落的忧痛，共成一首咏梅调，唱响苍凉。尤其尾句，"看取晚来风势，故应难看梅花"，既写风势也写国运，"难看"的何止梅花，还有衰颓的国家。想与风雨相抗，却只能长叹自己身为女子。其实，日暮途穷的命运，岂能轻易改变？便是男儿也无可奈何。

十年无梦得还家，独立青峰野水涯。
天地寂寥山雨歇，几生修得到梅花？

南宋末年，诗人谢枋得抗元失败，隐居武夷山，看着崖上孤梅，写下这首《武夷山中》，只叹空有豪情。宋亡之后，元朝屡次召他出仕，谢枋得坚决不应，最终被强制押送到大都，人人都以为他苦守的气节终难保全，岂料他竟绝食而死，只留武夷山的几棵老梅，兀立雪中。

读这首词，很容易让人想到蒋捷的《虞美人》：

少年听雨歌楼上，红烛昏罗帐。壮年听雨客舟中，江阔云低、断雁叫西风。
而今听雨僧庐下，鬓已星星也。悲欢离合总无情，一任阶前、点滴到天明。

李清照和蒋捷，一在南宋初，一在南宋末，隔着一个多世纪的光阴，看到的却是类似的风景：临安城里有人在夜夜笙歌，荒野里遍是冻骨饿殍。试问，这样的王朝，怎能不亡？虚伪的鼎盛繁华，残酷的末世之殇，让兴亡易代时期的文人多了忧患，也添了伤心。

在时代落寞气氛的浇灌下，本就敏感的人忧思更甚。他们不约而同地选择了一种方式，把一世的生命历程和人生体验写进词里，不同的是易安赏的是梅，蒋捷听的是雨。但不论梅的盛事还是雨的葬礼，折射出的都是一种沧海桑田的凄怆，还有词人的悲哀，甚至绝望。

年少时欢乐无忧，中年时的惆怅，进而到老年的凄苦无奈，化作才子蒋捷听风观雨时的一声叹息；少女时的娇俏幸福，中年时的幽怨典雅，晚景的孤独悲怆，这是词人易安的曲折际遇。蒙太奇式的时空穿梭，倾诉着流年转世的无奈，让人不由想借今人的诗句嗟叹古人的哀愁："掉头一去是风吹黑发，回首再来已雪满白头。"

梅花未落，美人迟暮，真让人伤感。时间是生来就悬在头上的一把钢刀，人人都知它迟早会落下。若生活甜蜜富足或许还可忽视它的存在，若坎坷太多磨难太重，只怕每分每秒都难捱得好像踩在荆棘上。晚年的易安就这样，独自一人，赤脚行走在生命的荒原里，快乐是自己的，悲伤也是自己的，无人分享亦无人分担。

只有梅花，懂她心事。

引梅为知己的，还有现代诗人张枣，他在诗歌《镜中》写道：

> 只要想起一生中后悔的事
> 梅花便落满了南山

　　短短两行，轻轻柔柔的，戳人心思却如惊雷。这两行诗好像什么都表达出来了，又好像什么都是惊鸿一瞥，亦如易安的《清平乐》，倾诉了一生的心事，却又让人觉得什么都触摸不到。词人大概早已习惯了寂寞，偶尔晾晒心事，也只晒给梅花看，旁人即便围观良久，毕竟还是路人。

　　易安的生命里有很多忧愁愤懑，但应该少有后悔——但凡她想要的，她都争取过，虽然有的从未得到，有的得而复失，终归没什么遗憾。她把人生的每种滋味都体会得透彻，表达得淋漓，大起大落中的大喜大悲，都付诸一卷宣纸，唱给一树梅花。

2. 他们站在生死的两岸

孤雁儿（藤床纸帐朝眠起）

并序：世人作梅词，下笔便俗。予试作一篇，乃知前言不妄耳。

藤床纸帐朝眠起，说不尽、无佳思。沉香断续玉炉寒，伴我情怀如水。笛里三弄，梅心惊破，多少春情意。

小风疏雨萧萧地，又催下、千行泪。吹箫人去玉楼空，肠断与谁同倚。一枝折得，人间天上，没个人堪寄。

在希腊神话中，有一位诗人歌手叫俄耳甫斯。他的妻子欧律狄克因蛇毒不幸死去，他悲痛欲绝。为了挽回妻子的生命，俄耳甫斯克服重重磨难来到地府，用优美的琴声打动了冥王。冥王同意俄耳甫斯将妻子带走，但同时又告诫他，在走出冥界之前，无论如何不要回头。于是，俄耳甫斯带着他的爱人，穿过黑暗的森林、岩洞、幽谷、死河，一前一后地走着。欧律狄克脚上的伤口还未痊愈，每走一步都会发出痛苦的呻吟。俄耳甫斯努力克制，不去安慰。终于快到冥界出口，欧律狄克不满丈夫的冷漠抱怨起来，俄耳甫斯非常心痛，忍不住想给妻子一个拥抱。但是，就在他转身的一瞬，欧律狄克被黑暗吞噬，永远地消失了。

死亡是世间最冷酷的终结者，无论多么深沉而浓烈的爱情，在它面前都无能为力。就像俄耳甫斯一样，越是牵肠挂肚，失去的痛苦只会有增无减。最怕，在生死的两端，相爱的人站在了彼此平行的岸边。

少时读《红楼梦》，见其中说黛玉"向来是个喜散，不喜聚的"，只觉得是她天性不喜热闹。再到后来，也渐渐懂了她的心思："人有聚就有散，聚时欢喜，到散时岂不冷清？既清冷则伤感，所以不如倒是不聚的好。"按这个道理，人不但不应常聚，更不该相爱——死是所有人的归宿，生恋时欢喜，到死别岂不痛苦？既无奈又绝望，所以不如倒是不爱的好。可惜，玲珑剔透如黛玉，在情缘面前也是甘心受劫。

晋人王衍说："圣人忘情，最下不及于情。然则情之所钟，正在我辈。"古人说得好，唯有圣人才能忘掉喜怒哀乐、超越七情六欲，似我等凡人，以情为生、为死、为一切。可世人恰恰愿意做这样的凡人，所以又有今人说："你的声音对我来说有着一种不可抗拒的魔力，即便是我已经死了，只要你叫我，我想我也会从坟墓里起身，然后毫不犹豫地跟你走。"世间有太多这样的爱，没有起死回生的魔法，却有超脱生死的勇气，不能像俄耳甫斯一样出入冥界，就把爱人的样貌刻进回忆里，若怕回忆终会淡去，便写一首诗，作一阕词，留在永不褪色的时光里。

李清照的这首悼亡词，连词牌中都透着苦涩。词调原名《御街行》，后变格为《孤雁儿》，常用来写离别悼亡等悲伤之情。易安在序中说这是一阕梅词，实则是以写梅为名抒悼亡之意。藤床、纸帐、沉香、玉炉，都是闺阁中常见之物，梅花三弄、吹箫人去也是她多次用过的典故，但正是这些老景旧情，勾起了她的无限伤心。明诚已逝，人去楼空，纵使寒梅开、白雪落，再无人陪她江边赏梅，踏雪寻诗。山河破碎，文物丧尽，四顾茫然；孑然一身，无所依靠，又遇人不淑。一个在天上，一个在人间，这天和地的距离，生与死的界限，消不掉打不破。云中没了锦书，相思再难相寄，正所谓"人间天上，没个人堪寄。"

逝者并不孤独，活下来的人才寂寞。于逝者来说，这一生有个人依恋你、爱慕你、为你憔悴、为你苍老，大概是件体面又幸运的事情。但对于活着且活在回忆里的人来说，哀莫大于生悼。其实，死亡本来是可以预期且毫无悬念的结果，可能是它在平凡的日子里并不常见，就成了日常生活的禁忌。每每被提及，都是"一片伤心画不成"。

提起古代悼亡佳作，历来推苏轼的《江城子》和贺铸的《鹧鸪天》为悼亡词双璧。他们的词是对过往生活的追忆：十年光阴生死两隔，苏轼还记得妻子王弗在窗下梳妆的样貌，"不思量，自难忘"；卧听风雨，贺铸想起昔日妻子为自己挑灯补衣的温柔体贴，内心翻江倒海，怅然若失。虽然琐碎又见情深，情之所至又作矜持，这大概是岁月蹉跎的一种标志，中年丧偶老来回忆，爱情中掺杂亲情，情分上可见你侬我侬，文字上却亲厚端庄。一如易安的悼亡词，感情深挚馥郁，却没了年轻时手写相思的浓烈。

时间后延，纳兰性德悼念妻子卢氏的几首作品也流传甚广。"一生一代一双人，争教两处销魂。相思相望不相亲，天为谁春。"他的悼亡词有爱情游走的痕迹，不加遮掩不做修饰，没有人世沧桑的感慨，只抒心之所想、情之所系，虽直白赤裸却不会让人有脸红心跳之感。

死亡虽把人隔在两端，但这些美丽的诗篇却让他们的情感不朽，让人为之饮泣。卢梭说过："死亡给了我永远爱你的权利。"也许正是这样，感情中不可避免的瑕疵才被遗忘，那些或浪漫、或温馨的瞬间才被无限放大，成为可以被赞美、被描摹的典范。

还有一首悼亡诗，无论诗人还是诗本身的名气，与前面提到的相比并无不及。但它显然不像前者那样得到了高度一致的赞扬，而是面临毁誉参半的尴尬。

> 曾经沧海难为水，除却巫山不是云。
>
> 取次花丛懒回顾，半缘修道半缘君。

这是唐代诗人元稹为亡妻韦氏写下的悼亡词之一，其中"曾经沧海"的嗟叹尤为动人，年岁越大，体会越深。但是，按今人的说法，元稹其实是个"绯闻"缠身的浪子。他曾对初恋爱人始乱终弃，妻亡之后续娶复纳妾，这同时还与才女薛涛纠缠不休，陈寅恪说他"岂其多情哉？实多诈而已矣"。终其一生，元稹都在多情与薄情、承诺与辜负中轮回。

诗是好诗，但每想到这背后的事，就像正在享用一杯美酒，偏有人说这酒里其实兑了水，让人欲弃不甘，欲继不能。

亡妻复续弦，这不是元稹让人齿冷的根源，就像我们能够体谅甚至欣赏苏轼在妻子逝后与姜室朝云的老来相伴，能懂得易安于撕心裂肺后改嫁的难处，还能明白纳兰痛失卢氏后又再续弦的种种心思。想到早些年说什么都不肯原谅朱自清，因为他在《给亡妇》里说："我和隐今夏回去，本想到你的坟上来；因为她病了没来成。"隐是他的续弦，瞬间微妙的感觉却让人郁闷了很久。年龄渐长，晓得这是爱情的洁癖、过激的偏执，需要纠正。爱情重要，生活也重要，死去的结果已经无可挽回，生者却必须前行，我们敬重从一而终，生死不弃的理想化的深情，也该体谅未亡人寻求温暖慰藉的改嫁续弦。可是，我们无法对着一个言行不一的多情种大唱赞歌，宣誓的嗓门越响亮，背弃的行为越急切，深情的告白就显得既滑稽又讽刺。不能否认，元稹写诗的瞬间，或许真有百分百的伤情和"懒回顾"的决心，只是他自己也没想到，风流是难消的胎记，墨迹未干，他就忘了"惟将终夜长开眼，报答平生未展眉"的誓言，一头跌入温柔乡里。

不想举着道德的幌子谴责谁谁，只是遗憾，那些窝心的诗句背后，少了同样窝心的故事。于是，爱情里的风雅成了风月里的卖弄。

　　写给别人看的情诗不是情诗，我们痴迷于天长地久的誓言，却不需要一座徒有其表的爱情牌坊。所以，那些生死两端的情怀，有的串成了桥，通两岸连古今；有的，就只是文字罢了。

3. 盛世汴京，一场破碎的清梦

永遇乐·元宵

落日熔金，暮云合璧，人在何处。染柳烟浓，
吹梅笛怨，春意知几许。元宵佳节，融和天气，次
第岂无风雨。来相召、香车宝马，谢他酒朋诗侣。

中州盛日，闺门多暇，记得偏重三五。铺翠冠
儿，捻金雪柳，簇带争济楚。如今憔悴，风鬟霜鬓，
怕见夜间出去。不如向、帘儿底下，听人笑语。

又是一个火树银花合、星桥铁锁开的日子，华灯如
昼，明月逐人，好一番盛景。

元宵节一到，久居深闺的女子就能趁着这个难得的机
会，光明正大地走出家门，招摇过市。一时间，大街小巷

热闹非凡。

李清照这时还未出嫁，既有闲暇又有闲心，邀了三两女伴，梳妆得漂亮整齐，戴着时兴的翠羽帽子，簪上别致的金丝雪柳，一起到街上赏灯猜谜，听笙歌观曼舞，纵情玩乐。或许还曾一不小心在花市桥头撞上了谁家少年郎，少年手忙脚乱地躬身道歉，女孩子们微点下头，一边轻移脚步一边悄声耳语。言罢，有的掩唇偷笑，满脸含羞，活泼些的便回头张望，星眸闪亮。

宋人对年节极为重视，据《大宋宣和遗事》记载，"从腊月初一直点灯到正月十六日"，正月十五正是家家灯火，处处管弦，爆竹声灌满人耳，烟火点亮整个夜空。

这是被李清照放在心底的"中州盛日"，也是一场让人不愿醒来的梦。

那时候，汴京城还作赵姓。

烟花绚丽，也易消逝。这一番回顾，却是望到了多少年前的风景？想必金人统治下的汴京也有人声如潮、繁华鼎盛的上元节，但热闹已经是别人的了。

后人考证，这首词大概是李清照晚年寓居南宋都城临安时期的作品。

临安，临安，既是"临时安家"，就不需要大费周章地整顿治理，暂时住得舒服就行，这大概也预示了其后朝野上下心照不宣、默契十足地苟且偷安。想到这里，真替岳飞、李纲那群劳碌了一生，也误了一生的人伤心。

李清照的伤心更浓也更真切。彼时，赵明诚去世已过十载，汴京失守就更久了些。这十来年里，李清照不得不习惯了一个人生活。但习惯不等于喜欢，故人故土、中原山河，这些才有家的味道。

揣着这样的心情，元宵又至，词人无心作乐，还有点不知"人在何处"的恍惚。这不是汴京，这是日暮时分的临安。地理上相去千里，心理上更是百转千回。

落日的余晖把半壁天空染成金色，云霞聚拢在一起，珠联璧合一般，景色华丽而鲜亮，却留不住词人的心，她的思绪已经被古笛声牵走。数百年前，诗人李白被加以"附逆"罪名流放夜郎，途径武昌时他也听过同样的笛声。李白站在黄鹤楼上，听着哀伤的笛乐，遥望长安，写下了一首《黄鹤楼闻笛》以表去国之情：

> 一为迁客去长沙，西望长安不见家。
> 黄鹤楼中吹玉笛，江城五月落梅花。

妙曲总有知音，一曲《梅花落》响了千年，不知曾让多少人燃了相思，起了乡情，生了惆怅。李白的伤情很浅，纵然"西望长安不见家"，但毕竟长安就在那里；李清照却不得不担忧：我这一生，可还有机会再回汴京？

国破、家亡、夫死的沉痛，让人无心赏玩，她婉言推拒了酒朋诗侣的邀请，不想再凑什么热闹，此间寂寥乃至漠然的心情可见一斑。

至于为什么拒绝朋友相邀，李清照自己说："如今憔悴，风鬟霜鬓，怕见夜间出去。"倘把这句话单纯理解为词人因年老憔悴，风鬟霜鬓，不愿以老妇之姿见人，就实在浅薄了些。眼角的皱纹不过是岁月刻在脸上的印记，心灵的苍老才最是要命。白发爬满鬓角，梳理整齐照样容光焕发，可若是尘埃落满心镜，李清照却没气力、也没兴致再去擦洗了。

这个女人，和兵荒马乱的大宋王朝一起，走向衰老。

对词人来说，这两个元宵节隔着不可跨越的时空——既有两座都城的空间交错，更有两宋交替的沧海桑田，斗转星移间早已江河日下。今昔对比，李清照既悲伤又悲愤，金人正秣马厉兵，磨刀霍霍，南宋王室却继续做着《清明上河图》式的大梦，"直把杭州作汴州"。

活在乱世，人们连自己的命运都很难掌控，又有几人能为时局建言，为国运呐喊？那些站出来的人，最初都是少数，后来都成了英雄。李清照进不了朝堂，上不得战场，只能把迸着心血的声音喊进诗文里。从某种意义上说，她以文倾诉离国恨事，这和岳飞、辛弃疾跃马提枪沙场征伐是一样的。这首画丽景、诉哀情的《永遇乐》就是她的长矛，她的刀枪。

1278年，自易安辞世又轮回了两个甲子。临安不安，城门被忽必烈的铁骑踏破也是两年前的旧事了。

又到元宵节，良辰美景还在，但宋室已亡。词人刘辰翁又在翻阅李易安的《永遇乐》，读到词中的黍离之悲、家仇国恨，再想到自己已沦为"南宋遗民"，不禁悲从中来，潸然泪下，"遂依其声，又托之易安自喻。虽辞情不及，而悲苦过之"，作《永遇乐》和之，既向前人致敬，也为已殁的王朝默哀。

《漱玉词》就这样流传下来，被岁月镀上晕黄的旧色，词里的汴州、杭州也成了历史长镜中的定格。宋朝之后，这两座城也不乏繁荣，但再怎么出尽风头也非昔日宋都。若漫步其中不知是否会有隔世之感，仿佛一下子走回到数百年前的上元佳节——那天，大街小巷处处流光溢彩，有个鬓角微白的妇人藏身帘后听人笑语，时而莞尔，但多是沉默。看着她略带神伤的眼睛，突然了然：这帘内帘外，已是两个世界。

4. 青鸟不到的地方

声声慢（寻寻觅觅）

寻寻觅觅，冷冷清清，凄凄惨惨戚戚。乍暖
还寒时候，最难将息。三杯两盏淡酒，怎敌他、
晚来风急？雁过也，正伤心，却是旧时相识。

满地黄花堆积，憔悴损，如今有谁堪摘？守
着窗儿，独自怎生得黑？梧桐更兼细雨，到黄
昏、点点滴滴。这次第，怎一个愁字了得！

"青鸟不到的地方"，这句话出自三毛的散文。那时
候她旅行到洪都拉斯，爱上了那里的巴士。那些公车被漆
成纯白色，又被绘上红杠，满街奔跑着。在川流不息的车
海中，三毛第一眼看到这种巴士，并在第一时间爱上了，

因为它们的名字叫作"青鸟"。

> 就在这样一个看似失落园的大图画里，那一
> 辆辆叫作"青鸟"的公车，慢慢地驶过，而幸
> 福，总是在开着，在流过去，广场上的芸芸众
> 生，包括我，是上不了这街车。

这个泡在悲观里的女人，在对幸福迸发渴望的瞬间，
就给自己判了死刑。

青鸟是幸福的征兆，它的出场未必华丽，却一定欢
乐。面对这么浪漫的诱惑，心生向往再正常不过。世上确
有贪心的人，但多数人追求的仅是一份小小的安逸。二十
余岁屏居青州时，李清照亦有过这样的憧憬。

那时候她刚刚被迫经历了莫名其妙的政治党争，和被
罢了官职的丈夫一起回到青州老家。年轻人多少有些韧
性，从幸福里一头栽下来倒也没觉得多痛，心平气和地和
赵明诚烹茶斗诗，把玩金石。自那时起，她把自己的居所
命名"归来堂"，取陶渊明《归去来辞》中的"倚南窗以
寄傲，审容膝之易安"一句自号"易安居士"——在简陋
的环境里坦然安适，这是陶渊明的豁达，也是李清照的心
愿，颇有一番"甘心老是乡矣"的祈求。

这份生活看似简单，却必须由两个人完成，若只剩一人，再怎么努力也是枉然。女人谋爱，她追求的幸福需要另一个人的参与，也需要命运的成全。只可惜命运有两张面孔，慷慨时会毫不犹豫地赏赐功名利禄、锦衣玉食、如花美眷，如若吝啬起来，易安那点微小的心愿也成奢望。

国破家亡的事实，对易安造成的伤害之深难以形容，在她最需要依靠和慰藉的时候，赵明诚病故了。像被一场泼天冷雨浇了个湿透，原本绚烂的生命瞬间就显了憔悴。她还没来得及把自己的伤心完整地表达出来，就被熙攘的人群推上了逃亡之路。此后一去经年，跌跌撞撞到步履蹒跚，易安渐渐老去，再来整理旧时心情，只觉万千心事只剩一个"愁"字，但只此一字，却又不足以表达出内心巨大的悲伤。

易安所有的悲伤都在这首词里了，沉重的情绪乌压压地覆上来，让旁观的路人都忍不住地想要替她去痛。

梁启超先生曾为《声声慢》作过批注："这首词写从早到晚一天的实感。那种茕独凄惶的景况，非本人不能领略，所以一字一泪，都是咬着牙根咽下。"后人常被上阕七组叠字倾倒，神来之笔无须赘述。比起形式技巧上的冲击，更能撩动心弦的，是易安"寻寻觅觅"却偏偏寻不到的失望，还有"咬着牙根咽下"的伤心。

乍暖还寒时候，秋意浓，冷风起。或为御寒，或为解忧，饮下三两杯淡酒，却觉得凉意更甚。她独自一人在庭院里，低头看到满地金菊正在怒放，自己却因忧伤而容颜憔悴，便没了赏花的心情；抬头看到云中飞雁，依稀就是旧时替自己传锦书、递相思的那只，只可惜，旧情难却斯人不在，纵有音书也再无人可寄。从清晨到黄昏，这一天还真是难熬。傍晚时分，她坐在窗前，隔着薄薄的窗纸听着细雨淋湿梧桐的声音，一点，一滴，就像敲打在心上。

幸福与痛苦是比较出来的，处境越是难堪，就会越怀念此前的美好。一旦回忆起丈夫在世时两人耳鬓厮磨的温馨，伤心就蔓延开来再也止不住了。这首词的悼亡意味极浓，一是出于"独自"二字的凄怆，易安似乎在无意中强调着自己的孤独，实则也是借此表达对亡夫的思念；其二便是"梧桐"的出现，在古典诗词传统中，梧桐常被视为忠贞爱情的象征。传说梧桐这种树木有雌雄之分，梧是雄树，桐是雌树，两树同长同老，同生同死。对于易安来说，院里的草木尚且有伴，她的孤独就更加明显了。

同样，与"青鸟"无缘的三毛，有过和李清照类似的伤心，丈夫荷西去世后，三毛九十九句断肠话，说的都是一个荷西。伤心如此纯粹，倒也让人羡慕。她说："结婚以前，在塞哥维亚的雪地里，已经换过了心，你带去的那颗是我的，我身上的，是你！埋下去的是你，也是我，走了的，是我们。"她还说："锁上我的记忆，锁上我的忧伤，不再想你，怎么可能再想你，快乐是禁地，生死之后，找不到进去的钥匙。"

三毛丢掉的那把钥匙，大概也是李易安"寻寻觅觅"想要重拾的东西，但光阴不可逆转，逝去的人、丢失的快乐，都已一去不返。比起三毛的纯粹，易安的伤心更加复杂。对赵明诚的思念只是一个引子，它把更多悲观的情绪勾引出来，把所有委屈、不平、痛苦堆在一起，轻轻一碰，就是崩陷式的疼痛。

心灵的空间有限，装载不了过多的喜怒哀乐，情绪溢出来，有的化作笑声，有的成了眼泪，还有的变成了诗词。这首词是易安内心流动着的情绪，没有喜乐，只有伤心，山河破碎、民不聊生的悲哀，夫死家亡的沉痛，命运难卜的无奈。这样汹涌的伤怀，自然不是一个"愁"字就能敷衍。

李清照的"易安"梦，断送在风雨飘摇的两宋之交。我们可以同情、可以抱怨，却仍然无力回天，须知这世界本来就不是有求必应的，总有那么一些地方，就连青鸟都无法抵达。

5. 是谁多事种芭蕉

添字丑奴儿（窗前谁种芭蕉树）

窗前谁种芭蕉树，阴满中庭。阴满中庭，叶叶心心，舒卷有余情。

伤心枕上三更雨，点滴霖霪。点滴霖霪，愁损北人，不惯起来听。

南国的土地上，少见北方那些高大粗壮的树木，或清奇乖巧、树冠浓密，或阔叶舒展、亭亭依依。南国的雨，欲走还留，欲说还休，娇娇柔柔作缠绵絮语。当南国的雨水遇到南国的植物，点滴霖霪，常常碰撞出一曲曲心事。

那是另一个时空雨打芭蕉的夜晚；那是另一个时代的酸涩心事。

这是李清照的暮年光景。在不知是否被她称为"家"的院落里，有一丛茂盛的芭蕉向四周伸展开硕大的叶子，遮蔽了整个中庭，蔓延着鲜活的绿。也不知是谁种下的，反正自打她搬到这里，这株芭蕉就在这里了。植物也是有灵魂的，可这芭蕉非易安所植，自是难懂它的心事。"叶叶心心，舒卷有余情"，它把心思藏进未曾展开的叶子，就像易安把心事藏在不曾舒展的眉头里。

　　芭蕉大概生来就带着艺术的气质，文人起了雅兴，总不会忘了它。入诗，白居易说"隔窗知夜雨，芭蕉先有声"；入词，欧阳修云"深院锁黄昏，阵阵芭蕉雨"；入画，王维画在漫天大雪中的那株翠绿芭蕉成了绘画史上莫大的争议；入乐，《雨打芭蕉》淅淅沥沥，似雨水嘈嘈切切与蕉叶比兴唱和，诉尽人间相思情意。

　　倘若芭蕉是个曼妙的舞者，雨就是与它最相配的伴奏，双双登场，常常令人惊艳。

　　雨打芭蕉固然是美的，却常常唤起文人的愁绪，有的人因事而愁，还有人因闲而愁，清朝就有这么一位。

　　蒋坦书房的窗外种着一株芭蕉。秋天一到，凉雨霖霖，雨打蕉叶的声音每每让他心烦。有一天，他到院中摘了一片蕉叶，题下几句闲词："是谁多事种芭蕉？早也潇潇，晚也潇潇。"妻子秋芙看到，浅浅一笑，提笔续了个下联："是君心事太无聊。种了芭蕉，又怨芭蕉。"这个又有才情又有雅趣的秋芙，被林语堂称为中国最可爱的女子。

这桩风雅事，后来被蒋坦写进了《秋灯琐忆》。彼时，秋芙已因病去世多年。蒋坦在文中写道："秋芙所种芭蕉，已叶大成阴，荫蔽帘幕。秋来雨风滴沥，枕上闻之，心与俱碎。"这种心碎的感觉，我们并不陌生。同是清代的归有光在《项脊轩志》里，表达得更为浅淡，他说："庭有枇杷树，吾妻死之年所手植也，今已亭亭如盖矣。"

易安心里，有和他们相仿的伤心。他们悼妻，她祭亡夫，世间最亲的那个人去了，留给生者无限的怀念。多希望这数十年的流离只是大梦一场，一觉醒来，那个人就站在窗外芭蕉旁，恍惚中，时光停滞，岁月静好，宛如初见时。

可这也只能是一场梦。离人魂，昨夜梦，年年今日。词人蒋捷说得好："流光容易把人抛，红了樱桃，绿了芭蕉。"

有些人，我们时时都在盼着时光倒流到与他初识；还有些人，我们只盼从来不曾和他相见。

在南方民间传说里，芭蕉这种植物确有魂魄，多年修行就会成精。芭蕉精能够幻化成美貌女子纠缠人间的男子。蒲松龄的《聊斋志异》里不乏这类泛着桃红又染着暗黑的艳遇，大多女子多情，男子薄幸，这个传说也不例外。

有个芭蕉精爱上了一个书生，晚上化作人形与他相会，白天化作芭蕉守在他窗外。一日，有多事的高人点破玄机，给了书生一条红线，帮他化解灾难。书生依言，待晚上女子前来幽会，便作海誓山盟，以红线定情，系在了她的手腕上。第二天，高人和书生一起在院中巡视，找到了缚着红线的芭蕉树，连根挖出，用火焚烧。书生的情劫，这就算安然渡过了。

据说，那棵芭蕉在火里会哭。

这不是一个替天行道、斩妖除魔的英雄故事，只是"多情女子负心汉"的另一个版本。山盟海誓，不过是甜蜜的诱饵，她以为他情根深种，却不知是自己入了魔障。

以精怪来喻易安，恐怕会有人说这是对词人的不敬。可是这个故事里，多多少少有些她和张汝舟的影子。只不过，她对张汝舟的感情，不如那芭蕉女子的深。可能也正是因为情浅，她才侥幸地，没像那被红线绑缚的精灵，落个灰飞烟灭的下场。

不知道是不是因为雨打芭蕉的声音像那被焚植物的哭

声，李清照每每听到都觉伤心。"伤心枕上三更雨，点滴
霖霪。"那段往事简直是她人生的最大污点，她不想再
提。想转换心思，却起了别的愁绪。"点滴霖霪，愁损北
人，不惯起来听。"南方的雨滴滴答答，窸窸窣窣，听了
这么多年，她还是怀念北方风雨的大气磅礴。

若朝堂上多些像北方风雨一样豪迈的英雄，不再作南
国雨水的温柔、缠绵、纤细状，她是不是就不必继续做寓
居南方的北人？

北人，流离之人，沦落之人，亡国之人！

芭蕉是南方的精灵，蕉叶覆鹿只是大观园里的神话。
李清照的人飘零在南国，魂魄还一直在北方流浪。如此一
来，她不能不落寞。对那个乱糟糟的时代，她咒之恨之，
又求之依之。至死，李清照终究还是未能回到故里，做了
滞留南方的北人之魂。

李清照晚年寓居南方，卒年不详，去世的时间、地
点、原因都无从考证，人们只含混地说"她寂寞地死在江
南"。自南宋绍兴二十五年（1155）之后，再也没有发现
她的作品以及任何显示她还健在的文字记载，故而也有人
把这年作为她的卒年。

这不是李清照一个人的尴尬。历史对女子向来吝啬，
女人们用自己的才情和风华装饰它，它赏了风景享了温

柔，又把她们抛进了车轮碾过时扬起的沙尘里，被岁月掩埋。关于李清照和《漱玉词》，仍然存在很多争议，也是因为这个原因。

雨打芭蕉，忽轻忽重。或许，这是两宋之交的劲风，在芭蕉上弹奏着旋律；又或许，这是她生命里最后的吟唱，关于爱情、关于家国、关于自由，声声入耳。

时光如水，可以洗薄很多东西，但一些声音，一些精神，却能成为后人的精神图腾。有些人，生来就注定不朽。